Sexy & Simple

Gute Hausmannskost, so einfach wie noch nie

By

Nicolette Fountaris

Vorwort

Hallo ihr Lieben,

ich freue mich sehr, dass mein erstes Kochbuch den Weg in eure Hände gefunden hat. Mein Name ist Nicolette, ich bin Baujahr 1988 und Comedian. Bekannt wurde ich als Influencerin auf Instagram. Ich bin sehr dankbar dafür, dort über 200.000 Menschen zu unterhalten und dadurch den Grundstein für mein eigenes Stand-up-Programm gelegt zu haben. Seit 2018 bin ich mit meiner eigenen Comedyshow mehrmals im Jahr auf Tour und darf Menschen zum Lachen bringen.

In einem wöchentlichen Instagram-Format beantworte ich außerdem Fragen und gebe Statements zu den Themen Liebe und Partnerschaft ab. Aber ich gebe natürlich auch Einblicke, was ich sonst den ganzen Tag so treibe. Und da sind für mich Essen und Kochen als meine beiden ganz großen Leidenschaften auf jeden Fall vorne mit dabei – die Schlemmerei ist die größte Konstante in meinem Leben! Und als ich euch in meinen Instagram-Storys gezeigt habe, wie einfach und schnell ich mein Essen im Alltag zubereite, konnte ich mich vor Anfragen, bitte ein Kochbuch zu machen, kaum retten (vor allem das Zwiebel-Sahne-Hähnchen-Rezept hat es euch angetan). Und: Hier ist es!

In diesem Buch ist alles, wie ihr es von mir gewohnt seid, „Nicolette-like" – denn einfach eine Rezeptsammlung herausbringen, das kann ja jeder. Ich verspreche euch, dass ihr hier Rezepte für meine absoluten Lieblingsgerichte findet, die schon seit Jahren genau so zubereitet auf meinem Teller landen. Warum ich dabei auf traditionelle, gute Hausmannskost setze und es mir wichtig war, dass alle Rezepte schnell und einfach zubereitet werden können, darüber erfahrt ihr auf den nächsten Seiten mehr. Dort gebe ich euch auch einen kleinen privaten Einblick in meine deutsch-griechische Familie, erzähle euch etwas über meine Verbindung zum Essen und wie ich zu meinem eigenen Kochstil gefunden habe.

Eingeteilt habe ich mein Kochbuch in vier Kapitel. Im ersten erfahrt ihr, was ich mir so gönne, wenn ich alleine zu Hause bin, und warum ich es wichtig finde, etwas Gutes auch nur für mich selbst zu kochen. Hat man ein Date vor sich, wird man im zweiten Kapitel fündig. Dort gibt es Rezepte, mit denen man jedes Date beeindrucken und „ins Bett kochen" kann. Kommt die Familie zu Besuch, gibt's in Kapitel drei traditionelle Rezepte „wie bei Muttern". Und steht ein Abend mit Freunden oder auch den „Froindinnen" an, hilft das letzte Kapitel weiter: Dort findet ihr Gerichte, die man mit wenig Aufwand perfekt für größere Runden zubereiten kann.

Meine Rezepte machen vielleicht nicht unbedingt schlank – dafür aber glücklich. Kalorien zählen ist hier also nicht, sondern genießen mit allen Sinnen. „Mit allen Sinnen" ist ein gutes Stichwort: In diesem Buch erfahrt ihr auch, warum ich kochen sexy finde ... Und so erschließt sich auch der Titel des Buchs: Sexy & Simple!

Viel Spaß beim Nachkochen und bis bald,
Eure Nicolette

Inhaltsverzeichnis

Einleitung

Mein Elternhaus – oder wie ich zu der wurde, die ich heute bin

Mein Vater ist Grieche, meine Mutter ist Deutsche – und ich hatte das Glück, mit beiden Kulturen groß zu werden. Ich bin der Meinung, dass das erst einmal ein ganz tolles Geschenk ist – denn schließlich konnte ich mir aus beiden Kulturen die Rosinen herauspicken. Gerade beim Kochen und Essen steht mir die griechische Kultur sehr nah. Es wird oft gekocht, es wird herzlich gekocht und es werden große Mengen zubereitet, die zwei bis drei Tage reichen könnten. Da aber fast immer Freunde und Nachbarn hinzukommen, die ganz selbstverständlich zum Essen eingeladen werden, ist am Ende meistens alles weggefuttert.

Das gemeinsame Essen festigt die Gemeinschaft und den Zusammenhalt und es transportiert die Liebe, die man für die Bekochten empfindet, auf die Teller. Diese schöne Tradition hat meine Mutter zu Hause auch immer gepflegt. Das ist bis heute so geblieben: Immer, wenn ich zu meinen Eltern komme, ist der Kühlschrank gut gefüllt und leckeres Essen steht auf dem Tisch.

Ich habe diese Leidenschaft übernommen und liebe es genauso, meinen Besuch mit gutem Essen zu verwöhnen. Ich nenne das gerne meine kleine „Gastgeber-Marotte", auf die ich allerdings sehr stolz bin. Sie ist aber längst nicht das Einzige, was ich von meinen Eltern mit auf den Weg bekommen habe – und daher möchte ich an dieser Stelle ein paar Sätze zu meinem Elternhaus sagen und mich ganz besonders an die beiden Menschen richten, die mich am meisten geprägt haben: Mama Rosi und Papsi.

Mama Rosi

Meine Mutter ist eine ganz starke Persönlichkeit. Ich kenne keinen anderen Menschen, der einen kühleren Kopf bewahrt und so stress- und konfliktresistent ist wie meine Mutter. Sie hat sich nie etwas aus der Meinung anderer gemacht – was bei ihr aber nichts mit Arroganz zu tun hat, sondern einfach mit einem großen Selbstbewusstsein und einer inneren Stärke. Sie hat sich in dem, was sie für richtig hielt, nie beirren lassen und war genau durch diese Stärke und Selbstsicherheit in der Lage, uns Liebe und Werte mit auf den Weg zu geben.

Meine Mutter ist eine echte Karrierefrau und Großunternehmerin. Trotz der vielen Arbeit hat sie sich immer selbst um alles gekümmert. Es gab nie eine Putzfrau, nie irgendeine Hilfe, die sie in Anspruch genommen hat – sie hat alles selbst geregelt. Gerade das Kochen war und ist ihr bis heute wichtig. Trotz ihrer beruflichen Verpflichtungen hat sie jeden Tag für ihre Familie gekocht. Das konnten manchmal auch nur Kleinigkeiten sein wie ein Toast Hawaii – aber es war ihr wichtig, dass wir immer etwas Warmes zu essen hatten.

Das hat sich bis heute nicht geändert. Jetzt, wo wir Kinder aus dem Haus sind, kocht sie eben für meinen Vater und sich – und für alle, die vorbeikommen. Wenn ich meiner Mutter ankündige, dass ich nach Hause komme, dann fragt sie als Erstes, was ich mir zu essen wünsche. Wenn ich keine Zeit habe, kaufen meine Eltern für mich ein und schauen immer, dass mein Kühlschrank auch schön voll ist. Und nachdem, was ich bereits über meine Mutter erzählt habe, erstaunt es euch sicher nicht, dass sie natürlich auch zu den Müttern gehört, die noch Essen in Tupperdosen einpacken (und natürlich 50 Mal darauf pochen, dass ich ihr diese Tupperdosen auch wieder zurückbringe).

Aber es ging in meiner Kindheit nicht nur ums Kochen, es ging auch ums Essen, und dabei wurden mir sehr schöne Familienwerte vermittelt. Wir haben jeden Tag gemeinsam gegessen, das fiel nie aus: Alle vier saßen am Tisch, mein Bruder, meine Eltern und ich. Und es war nicht der Wohnzimmertisch und es lief nicht der Fernseher währenddessen, nein, es war der Esstisch. Ich kann mich nicht daran erinnern, dass dieses Ritual jemals ausfiel.

Ich habe kochtechnisch gar nicht so viel von meiner Mutter übernommen. Sie kocht anders als ich und auch mit einer anderen Prämisse, aber ich weiß, was es bedeutet zu arbeiten und trotzdem dafür zu sorgen, dass es der Familie wohl ergeht. Meine Mutter hat mich gelehrt, dass beides zusammen geht, und dafür bin ich ihr sehr dankbar.

Ich liebe meine Mutter sehr – und neben den Werten, die sie mir vermittelt hat, habe ich noch etwas zu 100 Prozent von ihr: mein starkes und präsentes Auftreten. Doch natürlich wurde ich nicht nur durch sie geprägt, deshalb komme ich jetzt auf die zweite ganz wichtige Person in meinem Leben zu sprechen:

Papsi

Mein Vater ist ein ruhiger, sehr intelligenter Mann. Dabei ist er sehr emotional, sensibel, aber auch unglaublich charmant und ein echter Genussmensch. Diese Mischung macht ihn aus, und es wundert nicht, dass ihn alle mögen. Zudem ist er niemand, der Vorurteile pflegt, im Gegenteil – er ist sehr tolerant, gibt jedem Menschen eine Chance und heißt jeden willkommen. Das alles hat mein Vater auch mich gelehrt, und dafür bin ich ihm sehr dankbar.

Ich denke, ich kann behaupten, dass ich die perfekte Mischung aus den unterschiedlichen Eigenschaften meiner Eltern bin – sowohl optisch (also optisch im Ursprung) sowie auch von meinen Angewohnheiten und Charaktereigenschaften. Ich habe mir die schönsten Seiten von beiden herausgesucht. Selbst kulinarisch bin ich eine echte Mischung. Mit meinem Vater teile ich die Vorliebe für Hausmannskost. Das muss gar nichts Großes sein – da reichen oft schon eine Käseplatte und ein paar Trauben. Aber wenn es gut schmeckt, schließt mein Vater die Augen und genießt sein Essen in vollen Zügen. Deftige, gut gemachte Hausmannskost – ganz besonders die alpenländische – und ein schönes Glas Wein, das liebt er. Meine Mutter dagegen nascht gerne und wird bei Süßem schwach. Ich liebe sowohl Deftiges als auch Süßes – Hauptsache, es ist fein.

Liebevoller Umgang und Wertschätzung

Doch was mir in meiner Kindheit und Jugend wahrscheinlich am meisten gegeben hat, war die Tatsache, dass meine Eltern mir immer ihre Gefühle gezeigt haben. Zu Hause wurde viel gekuschelt, wir Kinder wurden in den Arm genommen und geküsst und meine Eltern haben nie aufgehört, mir zu sagen, dass sie mich lieben. Noch heute sitze ich sehr gerne mit meinem Vater auf der Couch und lege manchmal meinen Kopf in seinen Schoß, damit er mich ein bisschen krault.

Heimatbesuch in Griechenland

Ganz besonders geprägt hat mich auch meine griechische Oma. Bei unseren Besuchen in Griechenland war sie meine Bezugsperson Nummer 1. Das Besondere an ihr: Sie stand gefühlt den ganzen Tag in der Küche und zauberte das besten Essen für die ganze Familie

auf den Tisch. Essen hat in Griechenland, überhaupt in ganz Südeuropa (übrigens auch in Osteuropa und sicher auch in vielen anderen Ländern der Welt) eine ganz andere Bedeutung als die, die wir hier in Deutschland oft wahrnehmen: Es geht da längst nicht nur ums Sattwerden. Essen und Kochen hat dort ganz viel mit Genuss und Lebensqualität, mit Community, Hingabe und Fürsorge zu tun. Und genau das habe ich mit ganzem Herzen übernommen.
Aber das war nicht immer so ... Um ehrlich zu sein, habe ich bis vor 10 Jahren eher selten einen Kochlöffel in die Hand genommen. Die Wende kam mit Nigella Lawson.

Kochen mit Leidenschaft

In gewisser Weise ist dieses Kochbuch auch eine Hommage an Nigella Lawson. Wer sie nicht kennt: Nigella ist eine mehrfach ausgezeichnete britische Fernsehköchin, die einige äußerst erfolgreiche Kochbücher herausgebracht hat.
Ich bin 2010 durch eine Kochshow auf sie aufmerksam geworden. Von Anfang an haben mich zwei Dinge an Nigella fasziniert: Zum einen sind ihre Gerichte einfach, schnell zubereitet und auch für Anfänger absolut machbar. Zum anderen ist Nigella bei allem, was sie tut, voller Leidenschaft. Es ist wirklich eine Wonne, ihr zuzusehen - ich mache das noch heute gerne. Ob sie nun über Lebensmittel spricht oder übers Kochen, ob sie abschmeckt, probiert oder kocht - sie tut es mit Hingabe und Begeisterung. Genau das war es, was mich bei ihr berührt und mir einen ganz neuen Blick auf das Kochen eröffnet hat - und was mich schlussendlich dazu inspiriert hat, fortan regelmäßig selbst den Kochlöffel in die Hand zu nehmen.

Ohne Leidenschaft? Ohne mich!

Es war die Leidenschaft, die mich bei Nigella inspiriert hat, denn in diesem Punkt sind wir uns sehr ähnlich. Mein Ideal ist, dass ich alles, was ich im Leben mache, mit Leidenschaft tue. Natürlich geht das nicht immer. Als pflichtbewusster Mensch muss man auch Dinge tun, bei denen die Leidenschaft dafür nicht das Maß der Dinge ist. Dafür habe ich Verständnis, sonst würde unser System nicht funktionieren. Aber die schönen Dinge des Lebens, die möchte ich voller Wonne tun, die möchte ich mit Passion erleben, mit Liebe, mit Spaß und mit Lust. Ich möchte mit Leidenschaft weinen und mit ebensolcher Leidenschaft lachen. Ich möchte mit Lei-

denschaft Sex haben, mit Leidenschaft lieben und mit Leidenschaft streiten. Und ebenso, wie ich voller Hingabe esse, möchte ich auch voller Begeisterung kochen. Für mich fängt alles bereits bei den Vorbereitungen an: Schon die Suche nach einem passenden Rezept, der Einkauf, das Schnippeln und schließlich das Rühren in den Töpfen ist für mich eine Art Therapie oder Meditation. Ich bereite mich damit auf den späteren Genuss vor. Ich weiß, dass ich meinen Gästen und mir damit Freude bereite – und das ist für mich unglaublich schön und erfüllend. Aus diesem Grund fühle ich mich durch viele Gäste oder viele Töpfe auch nicht überfordert, denn die gesamte Vorbereitung ist für mich schon Vorfreude. Mittlerweile habe ich schon einen kleinen Ehrgeiz darin entwickelt, meiner Clique, meinem Freundeskreis zu beweisen, dass ich den Titel „Meisterköchin" zu Recht innehabe. Darauf bin ich stolz und das motiviert mich. Wenn ich allerdings mal keine Lust habe zu kochen, dann lass ich es einfach bleiben. Ich setze mich nicht unter Druck – und vielleicht ist das der Grund, warum ich dann fast immer Lust bekomme, doch zu kochen. Schließlich ist Kochen für mich auch immer ein bisschen Magie …

Die Magie des Kochens

Meine Oma hat immer gesagt: „Wenn du kochst, musst du dein Essen und die Lebensmittel berühren. Arbeite mit der Hand, arbeite mit den Fingern, die Liebe geht dadurch ins Essen über." Ich habe das übernommen. Kochen ist für mich genau das – Liebe. Genauso, wie ich Menschen, die ich liebe, zum Arzt fahre, ihnen ein liebes Wort sage, die Wäsche mache oder bügle, koche ich ihnen auch ein gutes Essen. Das gehört für mich zur Fürsorge für meine Liebsten einfach dazu.

Essen ist ein Grundbedürfnis, und mit der Zubereitung von Essen versorge ich meine Liebsten mit etwas ganz Existenziellem. Ich mache das mit sehr viel Liebe und ich glaube auch fest daran, dass ich damit die Lebensqualität der von mir bekochten Menschen enorm steigere. Aber das Ganze ist keine Einbahnstraße – auch mir tut es gut: Für mich gibt es kaum etwas Schöneres, als Leute an meinem Tisch zu versammeln, die sich gut verstehen, die sich angeregt unterhalten und die gemeinschaftlich unterwegs sind. Und wenn dann noch jemand sagt: „Oh Mann, ist das gut! Gibt's noch eine zweite Portion?", dann ist das für mich das größte Kompliment, das man mir in diesem Moment machen kann.

Hausmannskost 2.0

Ich finde es toll, dass es so viele alternative Ernährungskonzepte gibt. Und ich habe auch nichts dagegen, dass sich jeder aus diesem riesigen Angebot genau die Rosinen rauspickt, die er will, und das für sich kocht, was sich für ihn richtig anfühlt. Ich finde es allerdings ein bisschen schade, dass sich heute viele von der guten, alten Hausmannskost doch ein wenig distanziert haben. Ich dagegen bin ein großer Fan dieser Gerichte, deshalb wünsche ich mir, dass Hausmannskost auch wieder häufiger den Weg auf euren Tisch findet.

Unsere Mütter und Großmütter planten ihre Kohlrouladen, Rinderrouladen und Hackbraten oft Tage im Voraus. Sie gingen rechtzeitig auf den Wochenmarkt und stellten sich sonntags den Wecker, um anschließend stundenlang in der Küche zu stehen. Die Zubereitung des Essens war ein Riesenevent. Ich vermute, dass es genau dieser Aufwand ist, den viele damit verbinden und der sie davor zurückschrecken lässt, selbst Hausmannskost zuzubereiten. Nicht, weil sie nicht wollen, sondern weil sie denken, dass es unfassbar schwer ist, an das Können und das Wissen unserer Großmütter heranzukommen. Und weil sie denken, dass es neben dem Know-how eine lange Planung braucht, viel Geld und vor allen Dingen viel Zeit. Ich möchte mit meinen Rezepten zeigen, dass das nicht sein muss.

Fake it till you make it

Ich glaube fest daran: Wenn man eine Vision oder einen Wunsch ins Universum schickt, dann wird dieser irgendwann wahr. Und so lange, bis er wahr wird, muss man einfach so tun, als sei er schon wahr geworden. „Fake it till you make it" eben. Man kann schon sagen, dass das eines meiner Lebensmottos ist – auch beim Kochen. Ich möchte hier zeigen, dass man Hausmannskost einfach umsetzen und an unsere heutige Lebenswirklichkeit anpassen kann.

Wir leben in einer Welt, in der wir jederzeit Zugriff auf alle Lebensmittel haben, und die meisten davon sind erschwinglich. Außerdem gibt es bei uns neben tollen Küchenhelfern für alle das nötige Know-how, auch digital. So kommen wir beim Kochen auf kürzerem Weg zum gleichen Ziel wie unsere Großmütter. Anders gesagt: Wenn man früher für die Zubereitung einer Sauce viel Erfahrung und eine halbe Ewigkeit brauchte, läuft das heute mit dem Stabmixer viel schneller und einfacher.

In meinem Kochbuch war es mir wichtig, vom Kloß über die Sauce bis hin zum Rotkohl alles selbst zu machen (Ausnahmen bestätigen wie immer die Regel). Zum Teil habe ich die Rezepte dafür ziemlich vereinfacht, deshalb sind sie schneller und unkomplizierter, als

ihr das erst einmal vermutet. Ich verstehe meine Rezepte allerdings als Angebot und bin dabei nicht dogmatisch. Daher möchte ich euch alle ermutigen, die Rezepte möglicherweise für euch anzupassen: Wenn ihr keine Lust oder Zeit habt, die Sauce hollandaise selbst zu machen, dann kauft euch eine fertige. Solange die Inhaltsstoffe in Ordnung sind, spricht nichts dagegen. Wenn euch das Rezept an sich gefällt, ihr aber Klöße oder Rotkohl fertig kaufen möchtet, dann tut es. Und wenn irgendeine Zutat dabei ist, die ihr nicht mögt oder nicht vertragt, dann ersetzt sie. Ihr trinkt keinen Alkohol? Verwendet Brühe. Ihr wollt keine Sahne nehmen? Nehmt Milch. Seid kreativ, verwendet Alternativen oder lasst Dinge einfach weg.

Mir ist es wichtig, dass euch dieses Kochbuch Freude bereitet und ich euch damit die Scheu vor manch einem Klassiker nehmen kann. Traut euch – ich habe alles so einfach wie möglich gemacht!

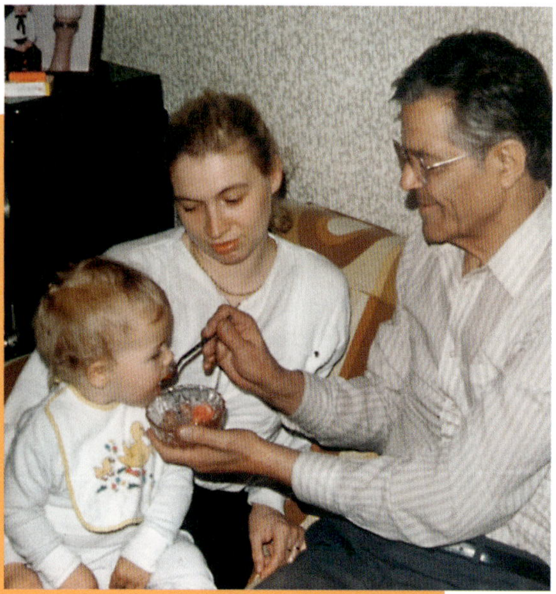

Schnell, einfach, preiswert und WUNDERBAR

Für die Rezepte in meinem Buch braucht ihr weder ein umfangreiches Koch-Know-how, noch müsst ihr tief in die Tasche greifen oder lange im Voraus planen. Ihr werdet sehen, dass die Zubereitung von Kohlrouladen, Gulasch, Sauce hollandaise & Co. kein Hexenwerk ist. Meine Rezepte sind einfach in der Zubereitung und genau so, wie Hausmannskost heute aussehen muss: schnell, unkompliziert und gelingsicher. Und obwohl ich am liebsten alles selbst mache, greife ich auch manchmal auf Fertigprodukte zurück. Warum auch nicht? Daneben vermittle ich den ein oder anderen Trick, mit dem man seine Liebsten ein bisschen an der Nase herumführen kann und mit wenig Aufwand für ein begeistertes „Ah!" und „Oh!" sorgt. Denn am Ende des Tages sind wir uns doch alle einig: Es soll aufwendig aussehen. Es soll aufwendig schmecken. Es soll aber bitte nicht aufwendig sein.

Kochen ist sexy

Ich bin davon überzeugt, dass es Männer an einer Frau sehr attraktiv und sexy finden, wenn sie etwas Gutes zu essen zubereiten kann. „Sexy & Simple" – gemäß dem Titel meines Kochbuchs erwarten euch daher auf den folgenden Seiten Rezepte, die einfach umzusetzen sind und die gleichzeitig zeigen, dass Kochen ein sexy Zeitvertreib ist.

Damit ihr versteht, was ich meine, möchte ich an dieser Stelle ein kleines Gedankenexperiment mit euch machen: Stellt euch einfach mal vor, euer Partner oder eure Partnerin geht einkaufen und kauft etwas für euch mit ein. Nicht nur, damit ihr satt werdet, sondern, damit ihr etwas zum Genießen habt. Stellt euch dann weiter vor, dass sich dieser Mensch, den ihr gerne habt, Zeit nimmt, um nicht nur sich selbst, sondern eben auch euch etwas

Gutes zuzubereiten. Alleine die Vorstellung ist ein tolles Gefühl, oder? Setzt es in die Tat um. Fasst die Zutaten an, schält die Zutaten, schneidet die Zutaten, würzt die Zutaten, schmeckt die Zutaten ab und tut es mit Hingabe und Liebe.

Und wenn es nicht mehr nur darum geht, den Hunger zu stillen, sondern dem anderen etwas Gutes zu tun, dann hat für mich Kochen auch sehr viel mit Sex zu tun. Schließlich geht es auch dabei nicht nur um die eigene Befriedigung, sondern auch darum, gemeinsam Spaß zu haben und den anderen zu verwöhnen. Fürsorge ist eines der schönsten Dinge in einer Beziehung – und zu wissen, dass es jemanden gibt, der mit Hingabe für mein Wohlergehen sorgt, entfacht Leidenschaft. Ich bleibe also dabei: Kochen ist einfach extrem sexy.

Spaß beim Kochen

Ganz egal, ob ihr eure Familie glücklich macht, eure Freundinnen, euren Partner, eure Partnerin oder euch selbst – meine Kochphilosophie lautet: Es soll für niemanden lästige Arbeit oder anstrengende Pflicht sein, ein Essen zu kochen. Es soll Spaß und Freude bereiten – und das, was ihr für eure Lieblingsmenschen fühlt, auf die Teller transportieren.

Ich freue mich darauf, mit meinem Kochbuch den ein oder anderen ein bisschen näher an die Wunderwelt des Kochens heranzuführen, an dieses unsagbar liebevolle Geschehen, so, wie mich damals Nigella dazu gebracht hat. Und ich bin froh und dankbar dafür, dass ich mir selbst und anderen Menschen durch das Kochen schon so oft ein Lächeln aufs Gesicht zaubern konnte. Genau dafür steht mein Kochbuch!

Ich gönn mir selbst

… wenn ich alleine bin!

Für mich ist dieses Kapitel fast das wichtigste des ganzen Buchs. Warum, lässt sich mit einer kurzen Frage schnell beantworten: „Wann hast du zuletzt etwas nur für dich gekocht?" Genau. Wenn wir alleine sind, kochen wir uns in der Regel nichts. Natürlich ist es grundsätzlich cool und fein, sich einfach nur eine Stulle zu schmieren oder an der nächsten Ecke eine Portion Pommes zu holen – aber eben nicht ausschließlich. Denn das Für-sich-selbst-Kochen hat in meinen Augen eine ganz besondere Qualität.

Kochen für sich allein gehört für mich genauso zum Sich-selbst-Verwöhnprogramm wie ausgiebiges Duschen, Eincremen oder der neue Rock. Wenn man sich selbst bekocht, zeigt man damit, dass man sich liebt, sich etwas Gutes tun möchte und dass man sich um sich kümmert – dass man sich also dieselbe Fürsorge zukommen lässt wie seinen Lieben.

Mir selbst voller Hingabe etwas zu kochen, ist für mich echter Luxus. Ich zeige mir damit, dass ich mich und meine Bedürfnisse wichtig nehme – und jedes Mal, wenn ich das tue, fühlt es sich fast wie ein Befreiungsschlag an. Ich mache es mir dabei gemütlich, schaue zwischendurch auch mal in den Fernseher, höre Musik oder denke einfach nach. Kochen hat für mich etwas Beruhigendes und ist wie eine Form der Meditation. Probier es aus und tu dir selbst etwas Gutes!

Apropos für sich selbst und allein sein:
Kennt ihr diese Tage, an denen man eigentlich nur Zirkeltraining betreibt? Bei mir sieht das so aus: Von morgens bis abends geht es vom Bett ins Badezimmer und zurück, dann zur Couch und zum Kühlschrank. Dann beginnt das Ganze wieder von vorne und bei jeder Runde hat man ein paar Kalorien mehr auf den Rippen. Nothing more to say!

Saucen und Dips

(Schneller und einfacher als gedacht!)

3-Minuten-Sauce-hollandaise

Für 3 Portionen (ca. 200 ml)

- 125 g Butter
- 3 Eigelb
- 1 TL Senf
- Salz
- Pfeffer
- Muskat
- 1 EL Zitronensaft

Für meine superschnelle und leckere Sauce hollandaise schmelze ich zuerst die Butter in einem Topf (sie soll aber nicht bräunen). Eigelb, Senf, etwas Salz, Pfeffer, Muskat und Zitronensaft gebe ich in ein hohes Püriergefäß. Diese Mischung püriere ich einmal mit dem Stabmixer durch und gieße dann bei laufendem Motor einfach die heiße, flüssige Butter dazu.

Jahrelang wurde uns suggeriert, dass es totale Glückssache ist, auf jeden Fall viel Übung erfordert und trotzdem meistens in die Hose geht: selbst eine Sauce hollandaise zuzubereiten. Also, ich kann dazu nur sagen: Ich habe in meinem Leben noch kein einziges Mal erlebt, dass eine Sauce hollandaise in die Hose gegangen ist. Im Gegenteil – es dauert wirklich nur 3 Minuten und ist kinderleicht.

Béchamelsauce

Für 4-5 Portionen (ca. 450 ml)

- 2 EL Butter
- 4 EL Mehl
- 400 ml Milch
- 1 Eigelb
- je 1 Prise Salz, Pfeffer und Muskat

Ich zerlasse die Butter in einem Topf und streue darüber das Mehl. Dabei verrühre ich alles mit einem Schneebesen, bis das Mehl schön angeschwitzt ist, und gieße dann nach und nach unter ständigem Rühren die Milch dazu. Wenn alles kocht und schön sämig ist, nehme ich den Topf vom Herd, lasse die Masse leicht abkühlen (damit das Ei nicht gerinnt) und rühre dann das Eigelb zusammen mit den Gewürzen darunter.

Eine Béchamelsauce ist ja nichts anderes als eine Variante der guten alten Mehlschwitze. Mit ihr verhält es sich ganz ähnlich wie mit der Sauce hollandaise: Auch vor ihr muss sich niemand fürchten, sie gelingt quasi immer, und die Zubereitung dauert nicht länger als 2 Minuten. Mir ist in meinem ganzen Leben noch nie ein Versuch misslungen, und ich kann jedem und jeder nur raten: Wagt euch ran. Eine solche Mehlschwitze ist die Basis für so viele Saucen – die muss man einfach draufhaben.

Erdnuss-Dip

Für 2-3 Portionen (ca. 120 ml)

- 4 EL Erdnussbutter
- 2 EL Hoisinsauce
- 2-3 EL heißes Wasser
- Salz und Pfeffer

Für diesen Dip rühre ich die Erdnussbutter und die Hoisinsauce mit dem Wasser glatt. Danach gebe ich noch jeweils 1 Prise Salz und Pfeffer hinzu.

Strammer Soldat

(Je nach Vorliebe auch strammer Polizist oder Dachdecker)

Für 1-2 Portionen

- 200 g Hähnchenbrustfilet
- 1/2 Kugel Mozzarella (60 g)
- 2 EL Olivenöl
- Salz
- Pfeffer
- 2 große Scheiben Ciabatta (1,5-2 cm dick)
- 2 TL Pesto
- 1 Prise getrockneter Rosmarin
- 2 Eier (Gr. M)

1. Zuerst einmal heize ich den Backofen auf 180 °C Umluft vor und belege ein Backblech mit Backpapier. Dann spüle ich das Hähnchenbrustfilet unter kaltem Wasser ab, tupfe sie trocken und schneide sie in ca. 1,5 cm dicke Scheiben. Danach schneide ich den Mozzarella in dünne Scheiben.
2. In einer heißen Pfanne erhitze ich ungefähr 1 EL Olivenöl und brate darin die Hähnchenscheiben von beiden Seiten so lange an, bis sie richtig lecker goldbraun und innen durchgegart sind. Dann nehme ich sie heraus und würze sie mit Salz und Pfeffer.
3. Jetzt bestreiche ich die Ciabattascheiben mit dem Pesto und lege sie auf das Blech. Dann kommt die Hähnchenbrust darauf und zuletzt der Mozzarella. Zum Schluss noch ein bisschen Rosmarin, das gibt noch mal ein richtig gutes Aroma, und dann ab in den Ofen damit. Nach 5-10 Minuten ist der Mozzarella schön zerlaufen.
4. In der Zwischenzeit brate ich im restlichen Olivenöl 2 Spiegeleier und würze diese mit etwas Salz und ordentlich Pfeffer. Die Spiegeleier gebe ich auf die Brote und fertig ist mein strammer Soldat! Bon appétit.

Das Rezept gehört zu den Gerichten, die die Welt braucht! Die meisten Zutaten hat man sowieso zu Hause und egal, ob mittags oder abends: Es schmeckt total lecker und ist schnell und einfach zubereitet. Der stramme Soldat hat mich durch so manch müden Feierabend begleitet.

Knoblauchgarnelen mit Spaghetti und Rosenkohl

Wenn ich mir selbst etwas koche, esse ich manchmal auf der Couch vor dem Fernseher. Nicht so aber bei diesem Gericht – dafür finde ich es viel zu fein und ich genieße es lieber bewusst. Mit meinen Knoblauchgarnelen mit Spaghetti setze ich mich immer an den Tisch, trinke ein Glas Wein dazu, höre Lounge-Musik und fühle mich dabei ganz elegant und edel.

so geht's:

Für 2 Portionen

- 250 g Rosenkohl
- 1 Zwiebel
- 1-2 Knoblauchzehen
- 150 g Kirschtomaten
- 300 g küchenfertige Garnelen ohne Kopf (frisch oder TK)
- 300 g Spaghetti
- Salz
- 1 EL Butter
- 2 EL Olivenöl
- 100 ml Weißwein (alternativ Gemüsebrühe oder Fischfond)
- Pfeffer

1. Zuerst einmal putze ich den Rosenkohl, danach halbiere oder viertle ich ihn - je nach Größe. Dann kommen Zwiebel und Knoblauch dran: Beides muss geschält werden. Dann würfle ich die Zwiebel und hacke die Knoblauchzehe möglichst klein. Wenn du abends nichts vorhast und keinen Besuch erwartest, dann nimm ruhig 2 Knoblauchzehen - schmeckt einfach noch besser! Die Kirschtomaten wasche ich, tupfe sie trocken und halbiere sie. Frische Garnelen spüle ich ab und tupfe sie ebenfalls trocken. Gefrorene Garnelen lasse ich idealerweise rechtzeitig in einem Sieb auftauen, ansonsten muss ich sie etwas länger anbraten.
2. Während ich die Zutaten vorbereite, setze ich schon mal einen großen Topf mit Wasser auf den Herd für die Spaghetti. Sobald das Wasser kocht, gebe ich ordentlich Salz dazu und koche die Spaghetti so, wie ich sie am liebsten mag: schön bissfest.
3. In der Zwischenzeit gebe ich die Butter und 1 EL Olivenöl in eine heiße Pfanne. Darin brate ich den Rosenkohl und die Zwiebel an - etwa 5 Minuten und nicht zu heiß. Röstaromen brauchen wir in diesem Fall nicht, im Gegenteil. Damit der Rosenkohl schön bissfest bleibt, nehme ich ihn anschließend heraus und brate dafür Knoblauch und Garnelen in der Pfanne an. Etwa 3 Minuten, bis sich die Garnelen schön rosa färben.

4. Anschließend gieße ich meinen Lieblingsweißwein in die Pfanne (wenn du keinen Alkohol trinkst, dann kannst du auch Gemüsebrühe oder Fischfond nehmen), drehe die Hitze hoch und lasse ihn etwa 2 Minuten einkochen, bis die Flüssigkeit fast komplett verdampft ist. So, jetzt fehlen eigentlich nur noch die Tomaten. Dafür mache ich in der Mitte der Pfanne etwas Platz frei, gieße das restliche Olivenöl hinein und gebe die Tomaten dazu. Ich brate sie noch etwa 2 Minuten an, damit sie das leckere Zwiebel- und Knoblaucharoma annehmen. Zum Schluss gebe ich den Rosenkohl wieder dazu und lasse ihn in der Pfanne heiß werden, dann schmecke ich alles noch mal kräftig mit Salz und Pfeffer ab.
5. So, es kann losgehen! Ich gieße die fertigen Spaghetti in ein Sieb ab, mische sie mit dem Pfanneninhalt und lasse es mir bei meiner Lieblingsserie schmecken!

Meine Tipps:
Du magst es scharf? Hacke 1–2 grüne Chilischoten und gib sie zusammen mit dem Knoblauch in die Pfanne.
Im Frühling und Sommer schmeckt das Gericht auch super mit grünem Spargel!

Feierabend-Baguette Caprese

(Auch lecker vor der Arbeit oder ... ganz ohne Arbeit)

Für 1–2 Portionen

- 1/4 rote Paprikaschote
- 1/4 Zwiebel
- 1/2 Knoblauchzehe
- 150 g Hähnchenbrustfilet
- 1 EL Olivenöl oder Butterschmalz
- Salz
- Pfeffer
- 3 EL geriebener Käse (z. B. Gouda, Emmentaler oder Mozzarella)
- 1 EL Frischkäse
- 2 große, dicke Scheiben frisches Baguette (alternativ 1 Baguettebrötchen)
- 1 EL Pesto
- Rucola, Schnittlauchröllchen oder gehackte Petersilie als Topping

1. Damit der Backofen gleich schon richtig heiß ist, heize ich ihn direkt am Anfang vor auf 180 °C Umluft. Dann lege ich ein Backblech mit Backpapier aus.
2. Von der Paprika schneide ich die Kerne raus und die weißen Häutchen, dann spüle ich die Paprika kurz ab und schneide sie dann in dünne Streifen (max. 1 cm breit). Zwiebel und Knoblauch werden wie immer geschält und dann gehackt. Das Hähnchenbrustfilet spüle ich unter kaltem Wasser ab, tupfe es trocken und schneide es in diesem Fall in kleine Stücke.
3. Anschließend erhitze ich Olivenöl oder Butterschmalz in einer Pfanne und brate Hähnchenfleisch, Zwiebel und Knoblauch darin etwa 5 Minuten an. Ab und zu rühre ich ein bisschen, damit nichts ansetzt. Ist das Hähnchen gar, schalte ich die Herdplatte ab, würze alles mit Salz und Pfeffer und werfe den geriebenen Käse und den Frischkäse dazu. Ich lass das dann immer kurz stehen, damit der Käse schmilzt, dann verrühre ich alles, bis es gut durchmischt ist.
4. Als Nächstes bestreiche ich die Baguettescheiben mit Pesto, verteile dann die Hähnchen-Käse-Mischung darauf und belege alles mit den Paprikastreifen. Jetzt wird alles im Ofen 5–10 Minuten gebacken, bis das Baguette schön kross ist.
5. Zum Schluss streue ich etwas Rucola, Schnittlauchröllchen oder Petersilie darüber, je nachdem, was ich gerade zu Hause habe.

Dieses leckere Baguette ist wieder mal ein supereinfaches Gericht. Es ist so schnell gemacht, dass ich es mir auch schon mal eben nachts nach dem Feiern zubereitet habe, bevor ich wohlig und mit einem guten Gefühl im Bauch ins Bett gefallen bin.

Toast Hawaii

(... weil die Malediven zu teuer sind)

Für 2 Stück

- 2 Scheiben Toastbrot
- 1 EL Butter
- 2 EL Sauce hollandaise (siehe Seite 20)
- 2 Scheiben gekochter Schinken
- 2 Scheiben Ananas aus der Dose
- 2-3 EL geriebener Käse (am besten Gouda und Mozzarella gemischt)
- 1-2 TL Preiselbeeren aus dem Glas

1. Zuerst heize ich den Backofen auf 180 °C Umluft vor und belege ein Blech mit Backpapier. Dann bestreiche ich die Toasts mit Butter und verstreiche die Hollandaise darauf.
2. Anschließend zupfe ich den Schinken in kleinere Stücke, verteile diese auf den Toasts und belege das Ganze mit je 1 Scheibe Ananas. Zum Schluss streue ich den Käse darüber und schiebe alles für ungefähr 10 Minuten in den Ofen, bis die Toasts knusprig sind und der Käse schön zerlaufen ist. Zum Servieren gebe ich noch etwas Preiselbeeren darauf – fertig!

Meine Mutter hat uns dieses Gericht früher oft zubereitet, wenn sie länger arbeiten musste. Auch wenn ihre Version dieses Klassikers noch einfacher war als meine, konnte sie uns Kinder mit einem Blech Toast Hawaii immer sehr glücklich machen. Das Gericht erinnert mich somit nicht nur an meine Kindheit, sondern auch daran, wie fleißig und smart meine Mutter war.

Pizzabaguette

(Schnell, einfach und superlecker)

Für 2 Portionen

- 2 Baguettebrötchen
- 8 EL Tomatenmark (alternativ Tomatensauce)
- 4 Scheiben Schinken
- 4 Champignons
- Salz
- Pfeffer
- getrocknete italienische Kräuter
- 1 Handvoll geriebener Käse (z. B. Gouda oder Mozzarella)
- Basilikumblättchen zum Bestreuen

1. Zuerst heize ich den Ofen auf 200 °C Umluft vor und belege ein Blech mit Backpapier. Dann schneide ich die Brötchen auf und bestreiche jede Hälfte mit ungefähr 2 EL Tomatenmark oder Tomatensauce. Anschließend zupfe ich den Schinken in kleine Stücke und verteile ihn auf den Brötchenhälften.
2. Die Champignons reibe ich nur kurz ab, entferne braune Stellen am Stiel und schneide die Pilze in Scheiben. Diese verteile ich dann ebenfalls auf den Hälften. Jetzt würze ich alles noch mit etwas Salz, Pfeffer und je 1 guten Prise italienischer Kräuter. Zum Schluss streue ich den Käse darüber, lege die Brote auf das Backblech und schiebe alles zum Überbacken für ca. 5 Minuten in den heißen Ofen.
3. Wenn der Käse zerlaufen ist und die Brötchen schön kross sind, können die Pizzabaguettes aus dem Ofen. Vor dem Servieren streue ich noch ein paar frische Basilikumblätter darüber.

Mein Tipp:
Dieses blitzschnelle und sehr einfache Essen macht mich immer glücklich – denn ich kann die Baguettebrötchen immer mit genau dem belegen, worauf ich gerade wirklich Lust habe. Mal ist es Thunfisch, mal kommen noch Peperoni aus dem Glas darauf, mal Salami oder auch mal nur Gemüse.

Seemannsbrötchen

Für 2 Portionen

- 4 EL Butterschmalz
- 4 Fischstäbchen
- 2 Essiggurken (oder ein paar Scheiben Salatgurke)
- 1/2 Bund Schnittlauch
- 2 Eier (Gr. M)
- Salz
- Pfeffer
- 2 Brötchen (am besten Laugenbrötchen)
- 4 EL Aufstrich für die Brötchen (z. B. Frischkäse, gesalzene Butter, Pesto oder Remoulade)
- 4 EL Krautsalat

1. Zuerst erhitze ich 2 EL Butterschmalz in einer Pfanne und brate darin die Fischstäbchen nach Packungsanweisung von beiden Seiten.
2. Während die Fischstäbchen brutzeln, schneide ich die Gurken in feine Scheiben. Ich mag ja Gurken aus dem Glas – aber du kannst auch ein paar Scheiben Salatgurke nehmen. Dann wasche ich noch schnell den Schnittlauch, schüttle ihn trocken und schneide ihn in feine Röllchen.
3. In einer zweiten Pfanne erhitze ich das restliche Butterschmalz. Die Eier verquirle ich in einer Schale, gebe ein bisschen Salz und Pfeffer dazu und brate daraus Rührei.
4. Zum Fertigstellen schneide ich die Brötchen auf und bestreiche alle Schnittseiten mit dem, worauf ich gerade Lust habe und was im Haus ist. Am liebsten mag ich dazu Frischkäse oder Remoulade, aber gesalzene Butter oder Pesto schmecken mir auch. Auf die unteren Hälften kommt jetzt der Krautsalat, darauf jeweils 2 Fischstäbchen, darauf die Gurkenscheiben und dann noch das Rührei. Das bestreue ich noch mit dem Schnittlauch und lege die Oberseiten auf. Bon appétit!

Mein Tipp:
Falls du gerade in einer Phase bist, in der du auf Kalorien achtest: Du kannst die Fischstäbchen auch im Backofen zubereiten, ganz ohne Butterschmalz.

Mediterranes Ofengemüse

Für 2 Portionen

- 500 g Kartoffeln
- 1 rote Spitzpaprika
- 1 grüne Spitzpaprika
- 150 g Kirschtomaten
- 200 g Champignons
- 1 Zwiebel
- 6 Knoblauchzehen
- 2 Zweige Rosmarin
- 1/2 Bund Thymian
- 1/2 Bund Oregano
- Meersalz
- Pfeffer
- 1 Prise gemahlener Kümmel
- 2 Prisen Paprikapulver edelsüß
- 100 g Feta
- Olivenöl zum Braten und für die Form

1. Zuerst heize ich den Ofen auf 200 °C Umluft vor und fette eine Auflaufform mit Olivenöl ein.
2. Dann bereite ich das Gemüse vor: Erst einmal wasche ich Kartoffeln, Paprika und Kirschtomaten. Dann schäle ich die Kartoffeln, große Exemplare schneide ich in Würfel, kleine halbiere ich einfach nur. Die Spitzpaprika halbiere ich, hole die Kerne und Häutchen heraus und schneide die Paprika in Streifen. Die Kirschtomaten werden einfach halbiert. Die Champignons reibe ich feucht ab, schneide verfärbte Stellen ab und halbiere oder viertle die Pilze, je nach Größe. Zwiebel und Knoblauch schäle ich und schneide die Zwiebel in Ringe, den Knoblauch lasse ich ganz. (6 Zehen hört sich erst einmal ziemlich viel an, bei diesem Rezept müssen die meiner Meinung nach aber sein. Jedenfalls schmeckt das Gericht überhaupt nicht extrem nach Knoblauch.)
3. Jetzt brate ich in einer Pfanne in reichlich Olivenöl zuerst die Kartoffeln etwa 7 Minuten an, dann gebe ich die Paprikaschoten dazu und lasse alles weitere 5 Minuten braten. Währenddessen wasche ich die Kräuter und hacke die Nadeln bzw. Blättchen. Nach Ablauf der Bratzeit mische ich die Kräuter unter das Gemüse und gebe den Pfanneninhalt zusammen mit dem restlichen Gemüse und dem Knoblauch in die Auflaufform. Jetzt wird alles noch mit Meersalz, Pfeffer, Kümmel und Paprikapulver gewürzt, kurz vermengt und gleichmäßig in der Form verteilt.
4. Zum Schluss streue ich den zerbröckelten Feta darüber und schiebe dann alles für etwa 30 Minuten in den Ofen, bis die Kartoffeln gar sind. Falls die Oberfläche gegen Ende zu dunkel wird, decke ich den Auflauf lose mit etwas Alufolie ab.

Schupfnudeln mit Speck und Ei

(Sehr günstiges Gericht – die Zutaten dafür sollte man immer zu Hause haben!)

Für 2 Portionen

- 1 kleine Zwiebel
- 1/2 Knoblauchzehe
- 1/2 Bund Schnittlauch
- 2 EL Butter
- 75 g Speckwürfel
- 500 g Schupfnudeln aus dem Kühlregal
- Pfeffer
- 2 EL Sonnenblumenöl
- 2 Eier (Gr. M)
- Salz

1. Zuerst einmal erledige ich wie immer alle Vorbereitungen ... Ich schäle die Zwiebel und den Knoblauch und schneide die Zwiebel in feine Würfel, der Knoblauch wird gehackt. Anschließend wasche ich den Schnittlauch, schüttle ihn trocken und schneide ihn in feine Röllchen.
2. Sobald das erledigt ist, kommt die Kür: Ich zerlasse die Butter in einer großen Pfanne und gebe dann die Zwiebel- und die Speckwürfel hinein. Beides schwitze ich bei mittlerer Hitze etwa 5 Minuten an. Dann rühre ich den Knoblauch darunter und gebe kurz darauf die Schupfnudeln dazu und etwas Pfeffer. Salz braucht es an dieser Stelle nicht, denn der Speck ist salzig genug. Wichtig ist, dass die Hitze nicht zu hoch ist – sonst wird der Knoblauch bitter und die Schupfnudeln werden zu dunkel. Sie sollen außen eine hübsche goldbraune Farbe bekommen und innen heiß werden – das geht am besten bei maximal mittlerer Hitze. Ab und an rühre ich ein bisschen um, damit nichts ansetzt.
3. Während die Schupfnudeln brutzeln, erhitze ich in einer zweiten Pfanne das Sonnenblumenöl und brate darin 2 Spiegeleier, die ich mit etwas Salz und Pfeffer würze. Zum Schluss streue ich die Schnittlauchröllchen darüber und genieße die Eier zusammen mit den Schupfnudeln.

Dieses Rezept geht eigentlich immer. Bei meinem wöchentlichen Einkauf landen so gut wie immer 2 Pakete Schupfnudeln, Speck und Eier im Korb. Innerhalb von nur 10 Minuten hat man etwas Warmes auf den Tisch gezaubert. Mit diesem Gericht machst du einfach jeden glücklich. Vor allem aber auch: dich selbst.

Currywurst mit Pommes

Für 1 Portion

Für die Currywurst:
- 1 Zwiebel
- 2 EL Butterschmalz
- 300 ml Ketchup
- 1 EL Currypulver
- 1 EL Paprikapulver rosenscharf
- 1/2 TL Pfeffer
- 1/2 TL Kurkuma
- 50 ml Orangensaft
- 1 Bratwurst

Für die Pommes:
- 2 große Kartoffeln
- Frittieröl
- Paprikapulver
- Salz
- getrockneter Rosmarin

1. Zuerst bereite ich die Sauce zu. Dafür schäle ich die Zwiebel und schneide sie in kleine Würfel. Dann zerlasse ich 1 EL Butterschmalz in einer Pfanne und brate die Zwiebel etwa 10 Minuten kräftig an, bis sie bräunlich wird. Anschließend kommen Ketchup, Gewürze und Orangensaft dazu. Das verrühre ich alles und koche die Sauce ungefähr 2 Minuten ohne Deckel. Dann halte ich sie auf ganz niedriger Stufe warm und kümmere mich um den Rest.
2. Für die Pommes schäle ich die Kartoffeln und schneide sie in nicht zu dünne Stifte. Dann erhitze ich das Frittieröl in einer Fritteuse (falls ihr keine habt, könnt ihr auch eine Pfanne mit hohem Rand nehmen), gebe die Pommes hinein und frittiere sie 10–15 Minuten goldbraun.
3. Parallel dazu erhitze ich in einer kleinen Pfanne das restliche Butterschmalz und brate bei kleiner Hitze die Bratwurst, bis sie schön knusprig gebräunt ist.
4. Sobald die Pommes fertig sind, hebe ich sie aus dem Fett, lasse sie kurz abtropfen und mische sie dann in einer Schüssel mit etwas Paprikapulver, Salz und Rosmarin.
5. Zum Servieren schneide ich die Bratwurst auf, gebe ordentlich Sauce darüber und genieße sie mit meinen köstlichen selbst gemachten Pommes. Besser geht's nicht!

Mein Tipp:
Falls ihr keine Fritteuse habt und die Pommes in einer tiefen Pfanne zubereitet: Erhitzt das Öl so lange, bis sich kleine Bläschen bilden, wenn ihr einen hölzernen Kochlöffelstiel hineinhaltet. Zu heiß sollte das Öl nämlich nicht werden – dann verbrennen die Pommes außen und innen sind sie noch roh.

Vernünftige Bolognese

Ich kenne keine andere Nation auf der Welt, die so sehr für Genuss und Leidenschaft in der Küche steht wie Italien. Selbst Griechenland kommt da nicht ran! Das Herz der Italienerinnen und Italiener schlägt am Herd – in diesem Sinne bin ich mit meiner Leidenschaft fürs Essen wohl auch zu einem klitzekleinen Prozentanteil Italienerin. Natürlich möchte ich mit meinem Bolognese-Rezept keinem Italiener und keiner Italienerin erzählen, wie er oder sie richtig Pasta zubereitet. Aber ich kann nur sagen: Diese Bolognese ist supereinfach zu kochen, schmeckt wirklich jedem und lässt sich sogar wunderbar einfrieren. Vorausgesetzt, es bleibt überhaupt etwas übrig …

»Meiner Meinung nach sollte jede Hausfrau und jeder Hausmann in der Lage sein, eine vernünftige Bolognese zu kochen. Wenn ich hier von „vernünftig" spreche, meine ich: ganz ohne Einsatz von irgendwelchen Hilfsmitteln wie Fertigpäckchen. Auch wenn du gerade erst mit dem Kochen anfängst – die Bolognese sollte eines deiner ersten Gerichte sein, das du richtig draufhast. Damit hast du nämlich die Grundlage geschaffen, Menschen satt und glücklich zu machen.

so geht's:

Für 2 Portionen

- 2 kleine Zwiebeln
- 1 Knoblauchzehe
- 2 EL Butterschmalz
- 400 g Hackfleisch (halb Rind, halb Schwein)
- 2 EL Tomatenmark
- 450 ml passierte Tomaten
- 200 ml kräftiger Rotwein (alternativ Gemüse- oder Fleischbrühe)
- Salz
- Pfeffer
- je ca. 1/2 TL Paprikapulver edelsüß, getrockneter Oregano und getrockneter Thymian
- 1 Lorbeerblatt
- 1 TL Zucker
- 300 g Spaghetti
- 1 Handvoll Kirschtomaten
- frisch geriebener Parmesan und Basilikumblättchen zum Servieren

1. Zuerst schäle ich die Zwiebeln und den Knoblauch und schneide beides in kleine Würfel. Anschließend erhitze ich das Butterschmalz in einer großen Pfanne und brate das Hackfleisch darin kräftig an. Währenddessen zerdrücke ich es mit einem Pfannenwender, bis es schön krümelig ist. Dann schalte ich die Hitze etwas herunter, gebe Zwiebeln und Knoblauch dazu und brate alles zusammen noch etwa 2 Minuten weiter. Dann rühre ich das Tomatenmark hinein und lasse es kurz mitbraten.
2. Jetzt gebe ich die passierten Tomaten dazu und einen ziemlich kräftigen Schuss Rotwein (falls du keinen Alkohol trinkst, geht natürlich auch Gemüse- oder Fleischbrühe). Dann würze ich die Mischung nicht gerade zimperlich mit Salz, Pfeffer, Paprikapulver, Oregano, Thymian und dem Lorbeerblatt und rühre den Zucker darunter.
3. So, jetzt braucht es nur noch ein wenig Geduld: Denn damit die Sauce auch wirklich anständig wird, muss sie nun bei kleiner Hitze und mit angelegtem Deckel etwa 50 Minuten vor sich hin köcheln, bis die Sauce die gewünschte Konsistenz hat.
4. Kurz bevor die Bolognese fertig ist, koche ich die Spaghetti nach Packungsanweisung bissfest. Die Kirschtomaten wasche ich, schneide sie klein, werfe sie in den Saucentopf und lasse sie etwa 5 Minuten mitkochen. Anschließend entferne ich das Lorbeerblatt.
5. Ich serviere die Spaghetti immer mit viel geriebenem Parmesan und mit ein paar frischen Basilikumblättern.

Mein Tipp:
Falls Sauce übrig bleibt, kannst du sie natürlich einfach am nächsten Tag essen – oder aber auch perfekt im Tiefkühlfach parken.

Pellkartoffeln mit Sahnehering

Für 2 Portionen

- 1-2 Stängel frischer Dill (alternativ 1 TL getrockneter Dill)
- 2 kleine Essiggurken
- 1/2 kleine Zwiebel
- 1 kleiner Apfel
- 125 ml Sahne
- 2 TL Zitronensaft
- 75 g saure Sahne
- 2 TL Senf
- 1 TL Zucker
- 2 EL Gurkenwasser
- Salz
- Pfeffer
- 300 g Matjesfilet
- 500 g festkochende Kartoffeln

1. Zuerst wasche ich den Dill, tupfe ihn trocken und hacke die feinen Blättchen. Dann schneide ich die Essiggurken in kleine Würfel und die Zwiebel nach dem Schälen in möglichst feine Ringe. Den Apfel wasche ich, viertle ihn und schneide das Kerngehäuse heraus. Das Fruchtfleisch schneide ich in sehr kleine Würfel.
2. Für die leckere Sauce verrühre ich erst die Sahne mit dem Zitronensaft und gebe dann die saure Sahne und den Senf dazu. Das rühre ich alles mit dem Schneebesen glatt und würze dann mit Zucker, Gurkenwasser, Salz und Pfeffer. Anschließend mische ich die Essiggurken, den Apfel und die Zwiebel darunter.
3. Das Matjesfilet kann man nun im Ganzen in die Sahnecreme legen oder in Stücke schneiden – das ist egal. Nicht egal ist allerdings, dass es dann in der Creme über Nacht ziehen muss. Über Nacht durchgezogen schmeckt es einfach noch mal deutlich besser!
4. Am nächsten Tag putze ich die Kartoffeln gründlich unter fließendem Wasser. Dann koche ich sie mit Schale etwa 20 Minuten in Salzwasser gar und serviere sie zusammen mit dem unglaublich cremigen Sahnehering. Dieses Rezept müsst ihr ausprobiert haben!

„Pellkartoffeln mit Sahnehering? Warum soll ich denn den Sahnehering selbst machen, wenn ich leckere Sahneheringe doch auch aus dem Kühlregal nehmen kann?" – Meine Antwort ist so einfach wie wahr: „Wegen der Geschmacksexplosion!" Probiert es mal aus. Macht den Sahnehering selbst und lasst ihn am besten einen Tag ziehen – ihr werdet mir recht geben: Da reicht kein Supermarkt-Sahnehering heran.

Liebeskummer-Apfel

(Schmeckt auch, wenn man glücklich verliebt ist)

Für 1 Portion

- 1 roter Apfel
- 1 EL Butterschmalz
- 1 EL Zucker
- 1 TL Mandelstifte
- 1 TL Rosinen
- 1 Schoko-Nuss-Praline (alternativ 1 TL Nuss-Nougat-Creme oder 1 Marzipankartoffel)
- Puderzucker zum Bestäuben
- 1 Kugel Schoko- oder Vanilleeis nach Belieben

1. Zuerst heize ich den Backofen auf 180 °C Umluft vor. Dann wasche ich den Apfel, schneide oben großzügig das Stielende ab und steche das Kerngehäuse nicht zu knapp heraus.
2. Anschließend erhitze ich das Butterschmalz in einer Pfanne und streue den Zucker dazu. Dann rühre ich so lange, bis er geschmolzen ist und gebe dann die Mandelstifte und die Rosinen dazu. Jetzt brate ich alles etwa 5 Minuten. Der Zucker karamellisiert dabei – er soll aber nicht zu dunkel werden, sonst wird er bitter.
3. Die Masse lasse ich kurz abkühlen und fülle sie dann in meinen Apfel – zusammen mit 1 Schoko-Nuss-Praline, etwas Nuss-Nougat-Creme oder 1 Marzipankartoffel.
4. Den Apfel backe ich nun etwa 30 Minuten im Ofen und genieße ihn warm und mit Puderzucker bestreut.

Mein Tipp:
Wenn ich Eis zu Hause habe, dann gönne ich mir noch 1 Kugel dazu. Heiß und kalt ist einfach eine perfekte Kombination.

Ja, auch ich habe in meinem Leben schon Liebeskummer gehabt. Und neben all den bekannten Ablenkungen wie mit Freundinnen reden und auf dem Teppich liegen und weinen, hat auch die gute Küche mein gebrochenes Herz geflickt. Ich glaube, es gibt keine bessere Methode gegen Liebeskummer, als den Schaden am Herzen in Kalorien, Fett und Zucker zu ertränken. Der Geruch und Geschmack dieses Bratapfels erinnert an die Weihnachtszeit und hat damit einen beruhigenden, tröstenden Nebeneffekt: Er weckt die schönsten weihnachtlichen Kindheitserinnerungen, und das ganze Haus duftet auf einmal nach Liebe und süßem Essen.

Kinder-Pfannkuchen

(Natürlich auch für Erwachsene oder … Rentner)

Für ca. 8 kleine Pfannküchlein

- 200 g Mehl
- 50 g Zucker
- 1/2 Packung Backpulver
- 1 Packung Vanillezucker
- 2 Eier (Gr. M)
- 300 ml Milch
- Butter zum Backen
- Nuss-Nougat-Creme, Schokolinsen, Marshmallows, Fruchtgummi und/oder Kirschkompott zum Belegen

1. Zum Warmhalten für die fertigen Pfannkuchen heize ich den Backofen auf 60 °C vor und stelle einen hitzebeständigen Teller hinein.
2. Für den Teig verrühre ich erst alle trockenen Zutaten in einer Schüssel und verquirle in einer zweiten Schüssel die Eier mit der Milch. Die flüssige Mischung rühre ich dann löffelweise zur Mehlmischung, bis ich schließlich einen glatten Teig habe.
3. Pro Pfannküchlein zerlasse ich einen Stich Butter in einer Pfanne und backe den Teig in kleinen Portionen (2–3 EL pro Pfannkuchen) von beiden Seiten goldgelb – das dauert 1–2 Minuten pro Seite. Die fertigen Pfannkuchen halte ich im Backofen warm.
4. Zum Schluss belege ich die Pfannkuchen ganz nach Belieben – was gerade da ist und worauf ich Lust habe. Meistens läuft es auf eine kunterbunte Mischung aus Nuss-Nougat-Creme, Schokolinsen, Marshmallows und Fruchtgummi hinaus.

Meine Kinder-Pfannkuchen liebe ich! Das ist so ein Gericht, das man immer wieder neu entdecken kann, je nachdem, mit was man die Pfannkuchen füllt oder belegt. Und beim Servieren gilt: Ob stapeln, rollen oder zusammenklappen – ganz egal, es schmeckt immer!

Ins Bett gekocht

Die Beziehung zwischen zwei Menschen und alles, was damit zu tun hat, hat mich schon immer fasziniert. Nicht nur privat habe ich zu den Themen Liebe, Beziehung oder auch „Schengelemengele", wie ich es nenne, eine große Affinität. Wie viele von euch wissen, beschäftige ich mich seit rund 2,5 Jahren auch beruflich mit den Themen Partnerschaft und Liebe. Wahrscheinlich habt ihr also an dieses Kapitel besonders hohe Erwartungen ...

Kochen, gemeinsames Essen und Genießen haben für mich etwas sehr Leidenschaftliches und das Sprichwort „Liebe geht durch den Magen" trifft für mich zu 100 Prozent zu. Dieses Kapitel ist daher für mich auch eines der schönsten und aufregendsten im ganzen Buch. Ich glaube fest daran, dass sich die Endorphine und die Schmetterlinge im Bauch auch auf die Lebensmittel übertragen, die man zubereitet – und dass die Person, für die man kocht, das auch schmecken kann. Ganz besonders, wenn wir feine Hausmannskost zubereiten. Ich glaube, wenn du die Menschen fragen würdest: „Was ist dein Lieblingsessen?", dann würden wahrscheinlich 90 Prozent von ihnen irgendwas aus dem Bereich Hausmannskost nennen. Und kochen wir ein solches Gericht an einem romantischen Abend, so versetzen wir unser Date damit in eine schöne Zeit seiner Kindheit zurück oder rufen angenehme Erinnerungen an besondere Anlässe hervor. Der andere merkt somit nicht nur, dass du kochen kannst – sondern er spürt, dass es ihm bei dir gut gehen wird.

Eine tolle gemeinsame Zeit mit einem feinen Essen, vielleicht einem schönen Glas Wein, einem herrlichen Dessert – ein besseres Date kann man sich doch eigentlich nicht vorstellen. Und was danach passiert, das entscheidet jeder für sich. Für mich fängt ein perfektes Date auf jeden Fall mit einem gemeinsamen Essen an – und dazu passt ein wunderbares Sprichwort, das mir einmal eine tolle, reife Frau verraten hat: „Koch ihm was Leckeres, und er kommt immer wieder!"

Gurkensalat mit Bratkartoffeln

Für 2 Portionen

- 800 g festkochende Kartoffeln
- Salz
- 1 Salatgurke
- 2 Frühlingszwiebeln
- 1/2 Bund Dill
- 1 Bund Schnittlauch
- 3 EL Kräuteressig
- 3 EL Olivenöl
- 100 g saure Sahne
- 50 g Speckwürfel
- 1 EL Butterschmalz
- Pfeffer

1. Zuerst wasche ich die Kartoffeln und koche sie dann mit der Schale in Salzwasser etwa 20 Minuten gar. Danach gieße ich sie ab und lasse sie erst ausdampfen und dann abkühlen.
2. Während die Kartoffeln kochen, wasche und putze ich die Gurke. Dann schäle ich mit einem Sparschäler mit kleinen Abständen dazwischen die Schale ab, sodass ein hübsches Hellgrün-Dunkelgrün-Muster entsteht. Die Gurke wird nun in dünne Scheiben geschnitten (für Ungeduldige geht natürlich auch die Reibe), dann bestreue ich sie mit Salz und lasse sie 20 Minuten ziehen. Anschließend lasse ich sie in einem Sieb abtropfen.
3. In der Zwischenzeit wasche ich Frühlingszwiebeln und Kräuter, dann schneide ich das Weiße und Hellgrüne der Frühlingszwiebeln in feine Scheiben, den Schnittlauch in Röllchen und den Dill hacke ich.
4. Für das Dressing verrühre ich Essig, Öl, Frühlingszwiebeln, Kräuter und saure Sahne in einer Schüssel und hebe dann die Gurkenscheiben darunter.
5. Jetzt fehlen nur noch die Bratkartoffeln. Dafür pelle ich die Kartoffeln und schneide sie in 0,5 cm dicke Scheiben. Ich brate die Speckwürfel im heißen Butterschmalz an und gebe die Kartoffeln hinzu sowie ein wenig Salz (nicht zu viel, da der Speck schon salzig ist) und etwas Pfeffer. Nach ungefähr 10 Minuten Bratzeit sind die Kartoffeln goldbraun und können mit dem Gurkensalat serviert werden.

Griechische Bifteki mit Rosmarinkartoffeln

(Da kommt mein Nationalstolz raus!)

Dieses griechische Gericht habe ich etwas eingedeutscht. Es ist jetzt ganz leicht in der Zubereitung und schmeckt dabei immer noch richtig mediterran. Und im Sommer liebe ich die Bifteki vom Grill.

so geht's:

Für 2 Portionen

Für die Rosmarinkartoffeln:
- 400 g Drillinge (kleine Kartoffeln)
- 1/2 TL getrockneter Rosmarin
- 1/2 TL getrockneter Oregano
- Salz
- Pfeffer
- 2 EL Olivenöl
- 2 Knoblauchzehen

Für die Bifteki mit Sauce:
- 200 g Hackfleisch (vom Rind oder halb Rind, halb Schwein)
- 1 EL Paniermehl
- 1 Ei (Gr. M)
- 2 TL Milch
- Salz
- Pfeffer
- getrockneter Oregano
- 1 kleine Zwiebel
- 250 ml passierte Tomaten
- 1 Prise Zucker
- 50 g geriebener Gouda (alternativ Schafskäse)

Außerdem:
- Rapsöl zum Braten

1. Zuerst heize ich den Backofen auf 180 °C Umluft vor und belege ein Backblech mit Backpapier.
2. Dann bereite ich die Kartoffeln vor, weil diese am längsten im Ofen brauchen: Ich schrubbe die Drillinge gründlich unter Wasser ab und mische sie anschließend in einer Schüssel mit Rosmarin, Oregano, etwas Salz und Pfeffer sowie dem Olivenöl. Dann verteile ich sie auf dem Backblech, drücke die Knoblauchzehen mit einem Messer etwas an und gebe sie zwischen die Kartoffeln. Dieses Blech schiebe ich schon mal in den Ofen – die Kartoffeln brauchen ungefähr 30 Minuten.
3. Für die Bifteki mische ich das Hackfleisch mit Paniermehl, Ei, Milch, etwas Salz und Pfeffer sowie 1 kräftigen Prise Oregano in einer Schüssel und forme danach aus der Masse kleine Bällchen (etwas größer als ein Tischtennisball). Diese brate ich in etwas heißem Rapsöl von allen Seiten an und gebe sie dann in eine passende Auflaufform.
4. Für die Sauce schäle ich die Zwiebel und schneide sie in feine Würfel. Anschließend dünste ich sie in einem Topf in etwas heißem Rapsöl an, gieße dann die passierten Tomaten dazu und würze alles mit Salz, Pfeffer, Oregano und Zucker. Wenn alles aufgekocht ist, gieße ich die Sauce über die Bifteki und streue entweder geriebenen Gouda oder zerbröckelten Schafskäse darüber.
5. Damit die Form ebenfalls Platz im Ofen hat, schiebe ich die Kartoffeln auf dem Blech mit einem Kochlöffel etwas zur Seite, bis die Auflaufform daneben passt, und lasse beides noch etwa 20 Minuten im Ofen. Bon appétit!

Käsespätzle

Für 4 Portionen

Für den Spätzleteig:
- 4 Eier (Gr. M)
- 1 TL Salz
- Pfeffer
- 400 g Mehl
- ca. 200 ml kaltes Wasser

Außerdem:
- Salz
- 2 Zwiebeln
- Öl zum Frittieren
- 1 EL Butter
- 3 EL geriebener Käse (z. B. Parmesan, Gouda oder Emmentaler)
- 3 EL Frischkäse
- 1 EL gehackte Petersilie zum Bestreuen

1. Für die Spätzle schlage ich die Eier auf und verquirle sie in einer Schüssel mit Salz und etwas Pfeffer. Dann schütte ich das Mehl dazu und gieße so viel Wasser dazu, bis ein zäher Teig entstanden ist. Dabei rühre ich kräftig mit dem Kochlöffel, bis der Teig dicke Blasen wirft.
2. In einem großen Topf koche ich leicht gesalzenes Wasser auf. Sobald dieses kocht, gebe ich portionsweise Teig auf ein großes Holzbrett und schabe mit einer Tortenkarte, die ich vorher mit kaltem Wasser angefeuchtet habe, kleine Teigstreifen ins Wasser. Alternativ kannst du den Teig natürlich auch durch die Spätzlepresse drücken. Wenn die Spätzle nach ca. 1 Minute oben schwimmen, schöpfe ich sie mit einer Schaumkelle heraus, bevor ich die nächste Ladung Teig hineinschabe. So mache ich weiter, bis der Teig aufgebraucht ist. Die fertigen Spätzle lasse ich in einem Sieb abtropfen.
3. Nun schäle ich die Zwiebeln und schneide sie in Ringe. In einer Pfanne erhitze ich ordentlich Öl und frittiere die Zwiebeln darin goldbraun zu Röstzwiebeln. Auch diese hole ich mit einer Schaumkelle heraus und lasse sie auf Küchenrollenpapier ein bisschen abtropfen.
4. Zum Fertigstellen zerlasse ich die Butter in einer großen Pfanne und brate darin die Spätzle an, bis sie wieder heiß sind. Dann rühre ich den Käse und den Frischkäse darunter, bis beides geschmolzen und alles schön vermischt ist.
5. Jetzt kommen nur noch die Röstzwiebeln darauf und etwas gehackte Petersilie. Am schönsten ist es, wenn alles in der Pfanne serviert wird.

Also, ich möchte keiner Schwäbin und auch keinem Schwaben erzählen, wie man die perfekten Spätzle zubereitet – aber ich finde, meine Version kommt schon ziemlich nahe heran. Natürlich könnte man auch Spätzle aus dem Kühlregal nehmen – aber wenn ihr Lust und Zeit habt, kann ich euch nur empfehlen, Spätzle einmal selbst zu machen.

Stampfkartoffeln mit Speck und Kringelbratwurst

(Absolute Kindheitserinnerungen!)

Für 2 Portionen

- 600 g mehligkochende Kartoffeln
- Salz
- 50–100 ml Milch
- 1 EL Butterschmalz
- 2 Bratwurstkringel
- 150 g Speckwürfel
- 1 EL Butter
- Pfeffer
- gemahlene Muskatnuss
- Senf zum Servieren

1. Zuerst schäle ich die Kartoffeln, schneide sie in große Stücke und koche sie in Salzwasser etwa 15 Minuten gar.
2. In der Zwischenzeit erhitze ich in einem kleinen Topf die Milch. Sie muss gar nicht kochen, sollte aber heiß sein.
3. Dann zerlasse ich in einer großen Pfanne das Butterschmalz und brate darin die beiden Bratwurstkringel und die Speckwürfel langsam goldbraun. Damit die Bratwürste ein bisschen Saft abgeben, pikse ich sie an 2, 3 Stellen mit einer Gabel an.
4. Wenn die Kartoffeln gar sind, gieße ich sie ab und schütte sie zurück in den Topf. Dann gebe ich die Butter dazu, etwas Salz, Pfeffer sowie Muskatnuss und zerstampfe die Kartoffeln mit so viel heißer Milch, bis ein cremiger Stampf entstanden ist (je nach Kartoffelsorte braucht man dafür etwas mehr oder weniger Milch).
5. Zum Schluss verteile ich den Stampf auf die Teller, gebe Speckwürfel und Bratsud darüber und lege die Bratwurstkringel dazu. Zusammen mit etwas Senf ist das einfach ein richtig deftiges und leckeres Essen.

Ich hoffe, dass jeder Mensch weiß, wie Stampfkartoffeln bzw. Kartoffelpüree am besten schmecken: Nämlich, wenn man das Fett von der Bratwurst darüberträufelt. Glaubt mir, das schmeckt wie der Himmel auf Erden!

Gyros-Spätzle-Auflauf

Für 4 Portionen

- 2 rote Paprikaschoten
- 2 Zwiebeln
- 400 ml Sahne
- 200 g Schmand
- 1 Tüte Zwiebelsuppe zum Anrühren
- 200 g Spätzle aus dem Kühlregal
- 500 g Gyrosfleisch
- Butter für die Form

1. Zuerst heize ich den Backofen auf 180 °C Umluft vor und fette eine Auflaufform mit Butter ein. Dann kümmere ich mich um den Rest – was bei diesem Rezept wirklich überschaubar ist.
2. Von den Paprikaschoten schneide ich einen Deckel ab, hole die Kerne und weißen Häutchen aus dem Inneren und wasche die Schoten von innen und außen. Anschließend schneide ich sie in Ringe. Die Zwiebeln schäle ich und schneide sie ebenfalls in Ringe.
3. Bevor es ans Schichten geht, verrühre ich noch schnell Sahne, Schmand und Zwiebelsuppe in einer Schüssel. Dann fülle ich zuerst die Spätzle (roh, so wie sie sind) in die Form, darauf kommen Paprika und Zwiebeln (bis auf ein paar Ringe zur Dekoration) und ganz oben verteile ich das Fleisch.
4. Zum Schluss gieße ich meine Sahnemischung darüber, lege ein paar Gemüseringe darauf – und dann heißt es: für 40 Minuten ab in den Ofen.

Vor 13 Jahren habe ich dieses Gericht zum ersten Mal auf dem Geburtstag meiner Freundin gegessen, wo es in einer großen Partypfanne serviert wurde. Ich wollte das Rezept unbedingt haben, und der Vater meiner Freundin kopierte es mir aus einer Frauenzeitschrift und gab es mir mit. Wenn ich beim Metzger mal gutes Gyrosfleisch bekomme, genieße ich dieses One-Pan-Gericht am liebsten direkt aus der Pfanne mit einem Stück Baguette dazu.

Burger für echte Kerle

(... geht aber auch für verweichlichte)

Wer bei dieser Angelegenheit einen Grill zu Hause hat, hat nicht nur hinterher ein waschechtes Erlebnis, sondern kann den Kerl auch noch direkt beschäftigen ... Es geht nichts über ein saftiges Burger-Patty, dass mit Liebe von euren Traumprinzen (oder Prinzessinnen) über der heißen Flamme in Bereitschaft gegrillt wird, während ihr euch in der Küche um die restlichen Zutaten kümmert. Mal ganz im Ernst? Bei einem guten Burger spielt es wirklich keine Rolle, ob er eher sparsam oder regelrecht opulent bestückt ist. Es gibt vermutlich niemanden, dem man keine Freude damit bereiten kann, wenn zwischen zwei Brothälften ein Potpourri aus den leckersten und frischesten Zutaten zusammentrifft!

so geht's:

Für 2 Portionen

Für die Patties:
- 500 g Rinderhackfleisch
- 1 Ei (Gr. M)
- 2 EL Paniermehl
- Salz
- Pfeffer
- Chiligewürz
- Paprikapulver edelsüß
- 2 Scheiben Scheiblettenkäse

Für den weiteren Belag:
- 4 Scheiben Bacon
- 1 Zwiebel
- 2 Essiggurken
- 1 Tomate
- 1 Handvoll Rucola
- Senf
- Ketchup

Außerdem:
- 2 EL Butterschmalz
- 2 große Burgerbrötchen
- Pommes zum Servieren

1. Zuerst heize ich den Backofen auf 150 °C Umluft vor. Dann vermenge ich Hackfleisch, Ei und Paniermehl mit etwas Salz, Pfeffer, 1 guten Prise Chiligewürz sowie etwas Paprikapulver und forme daraus 2 dicke Frikadellen.
2. In einer großen Pfanne zerlasse ich das Butterschmalz und brate die Frikadellen von jeder Seite in etwa 10 Minuten braun. Nach ungefähr 15 Minuten gebe ich die Baconscheiben ebenfalls in die Pfanne und brate sie von jeder Seite gute 2 Minuten. Kurz bevor die Frikadellen fertig sind, lege ich auf jede 1 Scheibe Käse, damit er schön schmelzen kann.
3. Während die Frikadellen brutzeln, halbiere ich die Brötchen und erhitze sie im Backofen. Dann schäle ich die Zwiebel und schneide sie in möglichst feine Ringe. Die Essiggurken schneide ich in Scheiben und die Tomate wird gewaschen und dann ebenfalls in Scheiben geschnitten. Den Rucola verlese und wasche ich und schüttle ihn trocken.
4. Zum Fertigstellen hole ich die Brötchen aus dem Ofen, bestreiche die aufgeschnittenen Seiten mit Senf und Ketchup (unten mehr als oben) und schichte dann etwas Salat, die Tomatenscheiben, Essiggurken, Frikadelle mit Käse, Bacon, Zwiebelringe und wieder etwas Rucola übereinander, bevor ich die Brötchenoberseite auflege.
5. Die Burger werden zum Schluss zusammen mit den Pommes serviert.

Mein Tipp:
Viel besser als gekaufte Pommes schmecken natürlich selbst gemachte. Das Rezept dafür findest du auf Seite 40.

Hühnerfrikassee

Für 2 Portionen

- 1 Bund Suppengemüse
- 200 g Hähnchenbrustfilet
- 2 TL gekörnte Hühnerbrühe
- 120 g Langkornreis
- Salz
- 2 EL Butter
- 2-3 EL Mehl
- 70 g TK-Erbsen
- 100 g Champignons aus dem Glas
- 1/2 Bund Schnittlauch und die Blätter von 4 Stängeln krauser Petersilie zum Bestreuen

1. Ich wasche das Suppengemüse, zerteile grob den Lauch und schäle Knollensellerie und Möhre. Dann gebe ich das Gemüse zusammen mit dem Hähnchenbrustfilet in einen Topf, gieße etwa 500 ml Wasser dazu (die Brust sollte komplett bedeckt sein) und rühre die gekörnte Brühe hinein. Ich koche alles auf und lasse das Hähnchenbrustfilet mit geschlossenem Deckel etwa 30 Minuten bei kleiner Hitze köcheln.
2. Dann gieße ich alles durch ein Sieb ab und fange dabei 400 ml Brühe auf. Wenn alles abgekühlt ist, schneide ich das Hähnchenbrustfilet in Würfel und die Möhre in Scheiben.
3. Damit alles gleichzeitig fertig ist, spüle ich den Reis nun in einem Sieb ab, bis das Wasser klar bleibt, und koche ihn dann nach Packungsanweisung in leicht gesalzenem Wasser.
4. Während der Reis gart, zerlasse ich die Butter in einem Topf und streue das Mehl durch ein Sieb dazu. Dabei rühre ich mit einem Schneebesen, damit sich keine Klümpchen bilden, und gieße nach und nach die Brühe an. Wenn die cremige Mehlschwitze fertig ist, gebe ich die Erbsen, die abgegossenen Champignons, das gewürfelte Hähnchenbrustfilet und die Möhrenstücke hinzu, rühre alles unter und lasse es noch etwa 5 Minuten köcheln.
5. Zum Servieren wasche ich die Kräuter, schneide den Schnittlauch in Röllchen und hacke die Petersilienblättchen. Einen Teil rühre ich unter das Frikassee, den Rest streue ich darüber. Dann serviere ich alles zusammen mit dem Reis.

Klassischerweise wird Hühnerfrikassee aus einem ganzen Huhn gekocht. Mit meiner Variante geht es allerdings viel schneller und unkomplizierter – wer hat schon Lust, ein ganzes Hühnchen zu kochen und zu zerlegen? Das Hähnchenbrustfilet lässt sich ganz leicht verarbeiten und tut dem Geschmack überhaupt keinen Abbruch. Übrigens: Es gibt auch Menschen, die sich beim Hähnchenwagen ein gebratenes Hähnchen kaufen und das dann fürs Frikassee verwenden. Das geht natürlich auch – muss ja keiner wissen ...

Zwiebel-Sahne-Hähnchen

Für 2 Portionen

- 3 große Zwiebeln
- 3 EL Butterschmalz
- 1 Schuss Weißwein
- 2 Hähnchenbrustfilets (je ca. 200 g)
- Salz
- Pfeffer
- Paprikapulver edelsüß
- Chilipulver
- 100 ml Sahne (oder pflanzliche Sahne)
- 150 ml Gemüse- oder Hühnerbrühe
- 100 g geriebener Käse (z. B. Gouda, Emmentaler oder Provolone)
- 200 g Basmatireis
- Rapsöl für die Auflaufform

1. Zuerst schäle ich die Zwiebeln, halbiere sie und schneide sie in dünne Streifen. Dann erhitze ich die Hälfte des Butterschmalzes und brate die Zwiebeln darin bei milder Hitze 10–15 Minuten an, bis sie leicht gebräunt sind. Jetzt lösche ich alles mit einem guten Schuss Weißwein ab und lasse es weitere 10 Minuten offen köcheln.
2. In der Zwischenzeit schneide ich mit einem scharfen Messer die Hähnchenbrüste von beiden Seiten mehrmals ein und reibe sie mit Salz, Pfeffer, Paprika- und Chilipulver ein.
3. Dann erhitze ich das restliche Butterschmalz in einer zweiten Pfanne und brate darin die Hähnchenbrüste von jeder Seite etwa 3 Minuten an.
4. Anschließend kommen sie zu den Zwiebeln, zusammen mit der Sahne und Brühe. Ich koche alles auf, dann reduziere ich die Hitze und lasse alles etwa 10 Minuten sanft köcheln. In dieser Zeit heize ich den Backofen auf 180 °C Umluft vor und fette eine passende Auflaufform mit etwas Öl ein.
5. Nach Ende der Kochzeit hebe ich die Hähnchenbrüste in die Auflaufform, würze die verbliebene Zwiebelmischung noch mal mit Salz und Pfeffer und gebe sie dann über die Hähnchenbrüste. Ich bestreue alles mit dem geriebenen Käse und gare das Gericht im Ofen weitere 35 Minuten.
6. Den Reis wasche ich in einem Sieb mit Wasser ab und bereite ihn nach Packungsanweisung in kochendem Salzwasser zu. Serviert wird der Reis dann zusammen mit dem Hähnchen und einem Glas von dem Weißwein, den ich auch zum Kochen verwendet habe.

Dieses Gericht hat Star-Potenzial! Es wurde auf Instagram so oft gerepostet und nachgekocht wie kein zweites, und ich habe ausschließlich grandiose Resonanz dazu bekommen. Wer einmal diesen Insta-Zwiebel-Sahne-Hähnchen-Hype nachkochen möchte, der hat jetzt hiermit das Rezept.

Zünftiges Gulasch

Hier haben wir mal wieder eines dieser Gerichte, das so gut wie jedem schmeckt – vor allem Männern. Viele von ihnen glauben, man könnte zaubern, wenn man ihnen ein Gulasch vorsetzt. Leider gehört es aber auch zu diesen Rezepten, vor denen viele zurückscheuen: zu kompliziert, zu schwer und außerdem schmeckt es bestimmt nicht so gut wie früher bei Muttern oder der Oma ... Doch was soll ich sagen? Absoluter Fehlalarm! Gulasch gehört nämlich vielmehr zu den Gerichten, die quasi von alleine kochen und überhaupt nicht kompliziert sind. Ihr könnt das Gulasch mit Rindfleisch machen, mit Pute, mit Schweinefleisch oder mit einer Mischung aus Rind und Schwein – es schmeckt immer. Ein Gulasch auf dem Tisch ist immer etwas Feines – und beeindruckt sicher auch dein nächstes Date.

so geht's:

Für 4 Portionen

- 500 g Zwiebeln
- 500 g Schweinefleisch (z. B. aus Ober- und Unterschale oder Schulter)
- 500 g Rindfleisch (z. B. aus Ober- und Unterschale oder Schulter)
- 4 EL Butterschmalz
- 2 EL Paprikapulver edelsüß
- Salz
- Pfeffer
- 3 EL Tomatenmark
- 100 ml Rotwein
- 1 Lorbeerblatt
- 800 ml Brühe (Gemüse- oder Rinderbrühe)
- 1 rote Paprikaschote
- saure Sahne oder Crème fraîche nach Belieben
- Sauerkraut zum Servieren

1. Ich beginne damit, die Zwiebeln zu schälen und grob zu hacken. Dann schneide ich das Fleisch in etwa 3 cm große Würfel (oder ich kaufe bereits fertig geschnittenes Gulasch).
2. In einem großen Schmortopf zerlasse ich 2 EL Butterschmalz und brate die Zwiebeln darin unter Rühren etwa 4 Minuten an. Dann hole ich die Zwiebeln heraus und brate das Fleisch darin portionsweise kräftig an, bis es leicht gebräunt ist. Dazwischen gebe ich immer mal wieder nach Bedarf etwas Butterschmalz hinein, damit nichts ansetzt.
3. Wenn das Fleisch komplett angebraten ist, kommt alles wieder zurück in den Topf und ich würze es mit dem Paprikapulver, etwas Salz und Pfeffer. Dann verrühre ich alles gut und schiebe das Fleisch anschließend an den Topfrand. In der Mitte brate ich das Tomatenmark kräftig an. Anschließend schütte ich die Zwiebeln zurück in den Topf, gieße den Rotwein dazu, verrühre alles und koche es auf.
4. Wenn die Mischung etwa 10 Minuten geköchelt hat, werfe ich das Lorbeerblatt hinein und gieße die Brühe dazu. Jetzt koche ich wieder alles auf, schalte dann aber die Hitze herunter und lasse das Gulasch 1 1/2–2 Stunden mit geschlossenem Deckel sanft vor sich hin köcheln. Von den Zwiebeln erkennt man am Ende der Garzeit nichts mehr, denn sie sind komplett verkocht.

5. Etwa 20 Minuten vor Ende der Garzeit halbiere ich die Paprikaschote, putze und wasche sie und schneide sie in kleine Würfel, die ich dann zum Gulasch gebe.
6. Vor dem Servieren entferne ich das Lorbeerblatt, schmecke noch mal mit Salz und Pfeffer ab und binde das Gulasch ganz nach Belieben mit einem guten Stich saurer Sahne oder Crème fraîche. Alternativ gebe ich beim Servieren (meistens mit Sauerkraut) einen Klecks saure Sahne oder Crème fraîche auf jede Portion. Dazu schmeckt mir persönlich am besten Baguette, weil ich mit den Scheiben so wunderbar die die köstliche Sauce auftunken kann.

Mein Tipp:
Da die Zubereitung von Gulasch zwar nicht kompliziert ist, aber lange dauert, mache ich immer einen großen Topf und esse die Reste einfach am nächsten und übernächsten Tag – oder friere mir eine Portion ein.

Waldputengeschnetzeltes mit Pasta

(Es gibt tatsächlich Puten im Wald!)

Für 3 Portionen

- 400 g Putengeschnetzeltes
- 2-3 Schalotten
- 1 Knoblauchzehe
- 100 g Pfifferlinge
- 100 g Champignons
- 2 EL Butterschmalz (oder Rapsöl)
- Salz
- Pfeffer
- 160 ml trockener Weißwein
- 200 ml Hühnerbrühe
- 200 ml Sahne
- 2 TL getrocknete Kräuter der Provence
- gegarte Pasta zum Servieren

1. Zuerst schaue ich mir das Putengeschnetzelte genau an und schneide Sehnen und Knorpel weg. Danach schäle und hacke ich Schalotten und Knoblauch. Die Pilze putze ich und bürste sie trocken ab. Falls das nicht reicht, reibe ich sie feucht ab – aber ich vermeide es, sie unter Wasser zu halten, sie saugen sich sonst schnell mit Wasser voll und werden matschig. Je nach Größe schneide ich sie kleiner.
2. Nachdem all diese Vorarbeiten erledigt sind, erhitze ich das Butterschmalz in einer Pfanne. Darin brate ich portionsweise das Putengeschnetzelte und würze es währenddessen mit etwas Salz und Pfeffer. Kurz vor Schluss gebe ich noch Schalotten und Knoblauch hinzu. Dann nehme ich alles aus der Pfanne und brate darin die Pilze kräftig an.
3. Anschließend kommt erst das Geschnetzelte wieder dazu, danach Weißwein, Hühnerbrühe, Sahne und Kräuter der Provence. Ich verrühre alles gut und lasse es offen noch 10-15 Minuten köcheln.
4. Zum Schluss schmecke ich noch mal ab und serviere das cremige Geschnetzelte mit Pasta meiner Wahl.

Mein Tipp:
Das Gericht schmeckt auch köstlich mit selbst gemachten Spätzle (siehe S. 62).

Griechische Moussaka

(Ich vermisse dich, Oma.)

Dieses Gericht gehört zwar definitiv nicht in die Kategorie „Blitzrezepte", aber kompliziert ist es wirklich nicht – und viel zu lecker, um es euch vorzuenthalten. Wenn ihr die Zutaten vorbereitet habt, müsst ihr sie einfach nur nach und nach in den Ofen schmeißen. Und der Zeitaufwand lohnt sich: Das wonnige Gefühl in Mund und Bauch, das die Moussaka später zaubert, ist unbezahlbar.

so geht's:

Für 4-5 Portionen

Für das Gemüse:
- 3 Zucchini (insgesamt ca. 750 g)
- 3 kleine Auberginen (insgesamt ca. 750 g)
- Salz
- Pfeffer
- 2 TL getrockneter Oregano
- ca. 100 ml Olivenöl
- 750 g Kartoffeln
- 1 TL getrockneter Rosmarin

Für die Hackfleischschicht:
- 1 Zwiebel
- 1 Knoblauchzehe
- 500 g Hackfleisch (Rind oder Lamm)
- 2 EL Olivenöl
- 450 ml passierte Tomaten
- Salz
- Pfeffer
- 1 TL getrockneter Oregano
- 1 TL getrockneter Thymian
- 1 Prise Zucker
- 1 Ei (Gr. M)

Außerdem:
- Öl für die Auflaufform
- 400 ml Béchamelsauce (siehe S. 21)
- 200 g geriebener Gouda

1. So, hier kommt eines meiner absoluten Lieblingsessen - meine Moussaka. Sie ist zwar nicht schwer zuzubereiten, sie dauert allerdings. Aber der Aufwand lohnt sich! Zuerst wasche ich Zucchini und Auberginen und entferne die Stielansätze. Anschließend schneide ich alles in dünne Scheiben und gebe Zucchini- und Auberginenscheiben getrennt voneinander in 2 Schüsseln. Dann würze ich beides kräftig mit Salz, Pfeffer und jeweils etwa 1 TL Oregano, gieße nicht zu knapp Olivenöl dazu und vermenge alles gut, sodass alle Scheiben von der Mischung überzogen sind. Jetzt müssen sie mindestens 20 Minuten darin marinieren.
2. In dieser Zeit heize ich schon mal den Ofen auf 180 °C Umluft vor und fette eine große Auflaufform mit Olivenöl ein.
3. Dann kommt die Hackfleischmasse dran. Dafür schäle und hacke ich zuerst einmal Zwiebel und Knoblauch. Dann brate ich das Hackfleisch im heißen Olivenöl kräftig an, bis es schön krümelig ist, und gebe anschließend Zwiebel und Knoblauch dazu. Unter Rühren brate ich alles noch etwa 2 Minuten weiter, dann kommen die passierten Tomaten dazu. Die Mischung würze ich großzügig mit Salz und Pfeffer, Oregano, Thymian und runde sie mit etwas Zucker ab. Wenn alles einmal aufgekocht ist, nehme ich die Pfanne vom Herd und lasse die Hackfleischmischung abkühlen.

4. Während das Hackfleisch abkühlt, leg ich schon mal mit den anderen Zutaten los: Zuerst verteile ich die Auberginenscheiben in der Auflaufform und schiebe sie für 20 Minuten in den Ofen.
5. In der Zwischenzeit widme ich mich den Kartoffeln: Ich mache mit ihnen dasselbe wie mit Zucchini und Aubergine – nur, dass ich sie vorher schäle und statt mit Oregano mit Rosmarin, Salz und Pfeffer würze. Auch die Kartoffelscheiben vermenge ich gründlich mit den Gewürzen und Olivenöl und lasse sie ebenfalls gute 20 Minuten marinieren.
6. Nach Ablauf der Backzeit hole ich die Form mit den Auberginen heraus und verteile die Zucchinischeiben darüber. Nach weiteren 20 Minuten im Ofen hole ich die Form wieder heraus und mache dasselbe mit den Kartoffeln, die ich ebenfalls 20 Minuten backe.
7. Die Hackfleischmasse ist nun abgekühlt, und ich rühre noch das Ei darunter, bevor ich alles auf der Kartoffelschicht verteile. Zum Schluss gieße ich die Béchamelsauce darüber und streue den Käse darauf. Jetzt kommt alles noch mal für 20–25 Minuten in den Ofen.
8. Zum Servieren hole ich die Form aus dem Ofen und lasse sie erst etwa 15 Minuten abkühlen, bevor ich die Moussaka anschneide. Lasst es euch schmecken!

Erdbeer-Tiramisu

Für 2-3 Portionen

- 1 ganz frisches Eigelb
- 60 g Puderzucker
- 250 g Mascarpone
- 100 ml Sahne
- 250 g Erdbeeren
- 200 g Löffelbiskuits
- 250 ml Orangensaft
- frische Erdbeeren und Himbeeren zum Servieren

1. Zuerst verquirle ich in einer kleinen Schüssel das Eigelb mit der Hälfte des Puderzuckers, bis es schaumig ist. Dann verquirle ich in einer zweiten Schüssel den Mascarpone mit dem restlichen Puderzucker schön cremig. In einer dritten Schüssel schlage ich die Sahne steif. Nun hebe ich die Schlagsahne unter den Mascarpone und zum Schluss rühre ich behutsam das schaumige Eigelb darunter.
2. Dann wasche und putze ich die Erdbeeren und püriere sie mit dem Stabmixer. Mich persönlich stören die kleinen Kerne nicht - aber wer sie nicht mag, streicht anschließend das Püree durch ein feines Sieb.
3. Jetzt wird geschichtet: Dafür die Löffelbiskuits kurz in Orangensaft tauchen und damit eine kleine Auflaufform auslegen. Darauf kommen dann immer abwechselnd Mascarponecreme, Erdbeerpüree und wieder eine Schicht Löffelbiskuits. Am bestens endet ihr mit einer Schicht Beerenpüree. Falls noch etwas Creme übrig ist, fülle ich sie in einen Spritzbeutel und verziere damit das Tiramisu.
4. Nun gebe ich alles für mindestens 4 Stunden, besser noch über Nacht, in den Kühlschrank. Kurz vor dem Servieren garniere ich das Tiramisu noch mit frischen Erdbeeren und Himbeeren.

Mein Tipp:
Dieses großartige Dessert ist zwar nichts für spontane Geschichten, denn es muss ja ziehen. Dafür lässt es sich super vorbereiten, und ihr braucht am Abend nichts weiter zu machen, als zu genießen. Statt frischen Erdbeeren könnt ihr auch tiefgefrorene verwenden.

Marshmallows au Chocolat

(Du wirst nicht glauben, wie einfach es ist!)

Für 2–3 Portionen

- 100 g Vollmilchschokolade
- 100 g Zartbitterschokolade
- 1 EL Butter
- 1 Handvoll Marshmallows
- 300 ml Sahne
- Schokoraspel, Beeren und Mini-Marshmallows zum Verzieren

1. Zuerst hacke ich die gesamte Schokolade klein und lasse sie in einem Topf zusammen mit der Butter schmelzen. Dabei rühre ich immer wieder um, damit nichts ansetzt.
2. Die Marshmallows schneide ich mit der Küchenschere klein und werfe sie in die Schüssel zur Schokolade. Ich rühre noch so lange, bis die Marshmallows geschmolzen sind. Dann ziehe ich den Topf vom Herd und lasse die Schokoladenmischung so weit abkühlen, bis sie gerade noch flüssig ist.
3. In der Zwischenzeit schlage ich die Sahne steif und hebe dann vorsichtig esslöffelweise die Schokoladenmischung unter. Die Creme fülle ich in kleine Gläser und lasse sie abgedeckt im Kühlschrank mindestens 6 Stunden ruhen.
4. Vor dem Servieren garniere ich jedes Glas üppig mit frischen Beeren, Mini-Marshmallows und Schokoraspeln.

Also, eine echte klassische Mousse au Chocolat kann eine ganz schön aufwendige Sache sein – mein Rezept ist das genaue Gegenteil. Wir schmelzen die Schokolade nicht im Wasserbad, wir verzichten auf Tamtam und Chichi: Wir schütten einfach alles zusammen, verrühren es dann fix und stellen es in den Kühlschrank. Tatsächlich tricksen wir vom Anfang bis zum Ende – aber man schmeckt es nicht! Ich garantiere euch: Bei diesem Nachtisch denken alle, dass er weiß Gott wie aufwendig war.

Futtern wie bei Muttern

... wenn die Familie kommt.

Meine Oma in Griechenland hat genau das beim Kochen verkörpert, was auch mir ganz, ganz wichtig ist: Sie war immer mit ganzem Herzen dabei und hat sich voller Elan in die Zubereitung gekniet. Anscheinend habe ich das von ihr geerbt. Aber es kommt nicht nur auf die Zubereitung selbst an – das gemeinsame Essen ist mindestens genauso wichtig.

Ich habe in meinem Leben beigebracht bekommen, wie wichtig der Zusammenhalt in der eigenen Familie ist. Ich habe immer die volle Unterstützung meiner Familie erhalten, und sie ist für mich stets mein Fels in der Brandung.

Ich möchte mit diesem Kapitel betonen, wie schön und wie wichtig es ist, mit der Familie zusammen am Tisch zu sitzen, und welche Chancen das birgt. Ohne Fernseher, ohne Handy und ohne Stress gemeinsam etwas Vernünftiges zu essen und sich gescheit zu unterhalten, das ist purer Luxus in dieser Zeit, in der wir leben. Kostet es also aus!

Käse-Lauch-Suppe

(Ist und bleibt der Partykracher!)

Für 4 Portionen

- 1 große Zwiebel
- 4–6 Lauchstangen
- 2 EL Butterschmalz
- 500 g Hackfleisch (halb Rind, halb Schwein)
- Salz
- Pfeffer
- 700 ml Gemüsebrühe
- 200 g Schmelzkäse
- 200 g Kräuter-Schmelzkäse

1. Zuerst schäle ich die Zwiebel und schneide sie in kleine Würfel. Dann putze ich den Lauch, schneide ihn in feine Ringe und spüle diese gründlich unter fließendem Wasser ab.
2. Jetzt zerlasse ich das Butterschmalz in einem Topf und brate darin zuerst etwa 2 Minuten die Zwiebel an. Dann gebe ich das Hackfleisch dazu und brate alles etwa 5 Minuten weiter, bis das Hack krümelig ist. Die Mischung würze ich kräftig mit Salz und Pfeffer und rühre anschließend den Lauch dazu. Dann lege ich den Deckel auf und lasse alles etwa 10 Minuten dünsten. Ab und an rühre ich dabei um.
3. Jetzt kommt die Gemüsebrühe dazu, und wenn diese kocht, rühre ich beide Sorten Schmelzkäse hinein. Zum Schluss lasse ich die Suppe noch mal 10 Minuten köcheln und schmecke sie vor dem Servieren mit Salz und Pfeffer ab. Am liebsten esse ich die Suppe mit etwas knusprigem Baguette. Superlecker!

Sie ist und bleibt ein Party-Kracher: Käse-Lauch-Suppe ist gerade in der kalten Jahreszeit sehr beliebt. Ein klares Plus: Ihr könnt die Suppe auch portioniert einfrieren und habt so zwischendurch immer ein wirklich leckeres Essen am Start.

Spargel mit Salzkartoffeln und Sauce hollandaise

Für 2 Portionen

- 700 g Kartoffeln
- Salz
- 1 Bund Spargel (500 g)
- 1 Spritzer Zitronensaft
- Sauce hollandaise (siehe S. 20)

1. Zuerst wasche und schäle ich die Kartoffeln. Je nach Größe schneide ich sie noch etwas kleiner und koche sie dann in gesalzenem Wasser etwa 20 Minuten gar.
2. Den Spargel wasche ich erst, dann schäle ich ihn und schneide die trockenen Enden ab. Anschließend koche ich ihn in leicht gesalzenem Wasser mit 1 Spritzer Zitronensaft je nach Dicke der Stangen 10–15 Minuten.
3. Während der Spargel kocht, bereite ich meine Sauce hollandaise (siehe S. 20) zu.
4. Zum Schluss gieße ich die Kartoffeln ab, hebe den Spargel aus dem Sud und serviere alles mit schön viel leckerer Sauce.

Mein Tipp:
Ihr könnt natürlich auch grünen Spargel verwenden. Den müsst ihr nur im unteren Drittel schälen und könnt ihn auch in einer Pfanne braten, anstatt ihn zu kochen. Kochen geht aber natürlich auch.

Crunchy Hähnchen mit Kartoffelecken

(Wenn du mal Lust auf einen Kindergeburtstag hast)

Für 4 Portionen

Für die Kartoffelecken:
- 6 große Kartoffeln (ca. 1,2 kg)
- 2 Eigelb
- 1 TL Salz
- 1/2 TL Pfeffer
- 1/2 TL gemahlene Muskatnuss
- 2–3 EL Mehl

Für das Hähnchen:
- 400 g Hähnchenbrustfilet
- Salz
- Pfeffer
- 2 Eier (Gr. M)
- 100 g Mehl
- je 50 g Paniermehl, Cornflakes, Flips und Tortilla-Chips

Außerdem:
- Öl zum Ausbacken
- Senf und Ketchup zum Servieren

1. Ich heize den Backofen auf 180 °C Umluft vor und lege schon mal ein Backblech mit Backpapier aus.
2. Als Nächstes schäle ich die Kartoffeln und reibe sie in ein Sieb, damit überschüssige Flüssigkeit abtropfen kann. Nach etwa 10 Minuten mische ich die abgetropfte Kartoffelmasse mit Eigelb, Salz, Pfeffer, Muskatnuss und dem Mehl. Davon gebe ich erst 2 EL dazu und schaue, ob das die Masse bindet, ansonsten eben etwas mehr.
3. Nun verteile ich den Kartoffelteig in kleinen Häufchen auf dem Backblech und forme die Häufchen mit einer Teigkarte zu gleichmäßigen Dreiecken. Dann kommt alles für etwa 25 Minuten in den Ofen.
4. In der Zwischenzeit wasche ich das Hähnchenbrustfilet, tupfe es trocken und schneide es in etwa gleich große Nuggets. Dann würze ich das Fleisch mit Salz und Pfeffer.
5. Jetzt verquirle ich in einem tiefen Teller die Eier, in einem zweiten Teller verteile ich das Mehl und in einem dritten mische ich das Paniermehl mit zerbröselten Cornflakes, Flips und/oder Tortilla-Chips. Ich mag die bunte Mischung am liebsten, aber wenn ihr z. B. keine Tortilla-Chips im Haus habt, müsst ihr nicht unbedingt extra welche kaufen. Die Nuggets schmecken auch ohne super.
6. Nun wird paniert: Das heißt, die Hähnchenstücke werden erst in Mehl gewendet, dann durch das Ei gezogen und zuletzt mit den Bröseln bedeckt. Zum Schluss backe ich die Nuggets in einer Pfanne in ausreichend heißem Öl goldgelb aus, serviere sie mit den Kartoffelecken und reiche etwas Senf und Ketchup dazu.

Herzhafter Zwiebelkuchen

(Eigentlich geht es dabei nur um den Federweißen ...)

Für 4 Portionen

- 1 Zwiebel
- 2 Schalotten
- 80 g Champignons
- 1 Frühlingszwiebel
- 2 EL Rapsöl
- 50 g Speckwürfel
- 200 g Mehl
- 2 Eier (Gr. M)
- 200 ml Milch
- 1 TL Backpulver
- 1 Prise gemahlene Muskatnuss
- Salz
- Pfeffer
- 1 EL frisch gehackte Kräuter (z. B. Schnittlauch und Petersilie)
- 45 g geriebener Gouda
- Kräuterquark und Federweißer zum Servieren
- Fett für die Form

1. Zuerst heize ich den Backofen auf 180 °C Umluft vor und fette eine Springform (24 cm Ø). Dann schäle ich die Zwiebel und die Schalotten und schneide sie in sehr kleine Würfel. Anschließend reibe ich die Champignons ab, putze sie und schneide sie klein. Die Frühlingszwiebel wasche und putze ich, dann schneide ich sie in Ringe.
2. Jetzt erhitze ich das Öl in einer Pfanne und brate alle Zwiebelsorten, die Champignons und die Speckwürfel darin etwa 10 Minuten unter Rühren an. Anschließend nehme ich die Pfanne vom Herd.
3. Für den Teig verquirle ich Mehl, Eier, Milch, Backpulver, Muskat, Salz sowie Pfeffer in einer Schüssel und rühre anschließend die frischen Kräuter und den Pfanneninhalt hinein.
4. So, das war's auch schon fast. Jetzt gebe ich den Teig in die Form und diese für etwa 20 Minuten in den Ofen. Am besten schmeckt mir mein Zwiebelkuchen abgekühlt und zusammen mit etwas Kräuterquark und Federweißem.

Hier kommt meine sehr einfache, dafür umso geselligere Zwiebelkuchen-Version. Eines hat sie auf jeden Fall mit dem klassischen Zwiebelkuchen gemein: Sie bildet im Spätsommer mit Federweißem oder Weißwein die perfekte Kombination. Das Tolle an meinem Zwiebelkuchen ist außerdem, dass er sowohl ganz frisch aus der Pfanne als auch kalt am nächsten Tag schmeckt. So kann er auch schon einen Tag früher zubereitet werden.

Fixe Lasagne

(Ist zwar eigentlich nicht wirklich fix, aber trotzdem sehr lecker)

Für 4–6 Portionen

- 1 Zwiebel
- 1 Knoblauchzehe
- 800 g Hackfleisch (vom Rind oder halb Rind, halb Schwein)
- 2 EL Butterschmalz
- Salz
- Pfeffer
- 1 TL Paprikapulver edelsüß
- 1 TL getrockneter Thymian
- 450 g passierte Tomaten oder gehackte Tomaten aus der Dose
- 1 TL getrocknete italienische Kräuter
- 1 Prise Zucker
- ca. 9 Lasagneplatten
- 400 ml Béchamelsauce (siehe S. 21)
- 100 g geriebener Käse nach Wahl (z. B. Chester, Gouda oder Emmentaler)
- Olivenöl für die Form

1. Zuerst heize ich den Backofen auf 180 °C Umluft vor und fette eine Auflaufform (ca. 30 × 20 cm) mit Olivenöl ein.
2. Dann schäle ich Zwiebel und Knoblauch und hacke beides. Im Anschluss brate ich das Hackfleisch und die Zwiebel kräftig im heißen Butterschmalz an und gebe dann den Knoblauch dazu. Wenn das Hackfleisch schön krümelig ist, würze ich die Mischung mit Salz, Pfeffer, Paprikapulver und Thymian, dann rühre ich die passierten oder gehackten Tomaten unter, lasse alles aufkochen und runde die Sauce mit italienischen Kräutern und Zucker ab.
3. Nun gebe ich etwas Hackmischung auf den Boden der Auflaufform und lege darüber Lasagneplatten aus. So schichte ich im Wechsel weiter, bis die Hackfleischmischung aufgebraucht ist, sie soll auch die letzte Schicht bilden.
4. Zum Schluss gieße ich die Béchamelsauce über die Lasagne, streue den Käse darüber und schiebe alles für etwa 30 Minuten in den Ofen, bis der Käse goldbraun ist. Köstlich!

Viele Kochanfänger klopfen sich selbst auf die Schulter, wenn sie eine Lasagne zubereitet haben – super! Aber wie sieht es mit der Béchamelsauce aus, kam die aus der Tüte oder habt ihr die selbst gemacht? Denn sind wir mal ehrlich: Eigentlich ist eine Lasagne nur Nudeln mit Bolognese in einer Auflaufform. Aber richtig authentisch und eindrucksvoll wird sie, wenn die Béchamelsauce selbst gemacht ist und nicht aus der Packung kommt. Dann kann man danach vor Stolz auch gern mit sich selbst rumknutschen.

Rosis Nudeln mit Fleischklößchen

(Für die tollste Mama der Welt)

Rosi ist der Name meiner Mutter, und so könnt ihr euch denken, dass diese Nudeln ein wirkliches Herzensgericht von mir sind. Meine Mutter kocht dieses Rezept schon seit unseren Kindheitstagen, sie hatte es damals aus einer Frauenzeitschrift. Und wenn mich meine Mutter heute fragt, was ich mir zu essen wünsche, dann ist die Antwort klar: ihre Nudeln mit Fleischklößchen. Mich erinnert das Gericht an meine unfassbar liebevolle Mutter, die immer für uns gesorgt und jeden Tag für uns gekocht hat – und das, obwohl sie berufstätig und eine richtige Karrierefrau war. Meine Mutter ist und bleibt die stärkste Frau, die ich je kennengelernt habe. Sie ist für mich ein echtes Vorbild, und ich kann mich nicht oft genug bei ihr für das bedanken, was sie mir beigebracht hat: Man kann arbeiten, man kann fleißig sein und man kann trotzdem für seine Familie sorgen. Sie tat dies einfach, ohne sich ein einziges Mal darüber zu beschweren.

so geht's:

Für 4 Portionen

- 400 g Hackfleisch (halb Rind, halb Schwein)
- 1 Ei
- 3 EL Semmelbrösel
- Salz
- Pfeffer
- 1 l Gemüsebrühe
- 2 rote Paprikaschoten
- 2 EL Butter
- 4 EL Mehl
- Saft von 1/2 Zitrone
- 500 g Makkaroni

1. Zuerst mische ich Hackfleisch, Ei, Semmelbrösel sowie etwas Salz und Pfeffer in einer Schüssel und forme daraus kleine Klöße, etwa so groß wie Tischtennisbälle.
2. Die Gemüsebrühe koche ich in einem Topf auf, reduziere dann die Hitze und lasse die Fleischbällchen in der siedenden Brühe etwa 15 Minuten garen. Dann hole ich sie mit einer Schaumkelle heraus und stelle sie erst einmal beiseite.
3. Nun halbiere ich die Paprikaschoten, putze und wasche sie und schneide sie anschließend in kleine Würfel. Damit alles gleichzeitig fertig ist, setze ich schon mal einen großen Topf mit Wasser für die Makkaroni auf.
4. In einem separaten Topf zerlasse ich die Butter, streue das Mehl darüber und schwitze alles unter Rühren so lange an, bis ein Klumpen entsteht. Dann gieße ich nach und nach 500–800 ml der Gemüsebrühe dazu, in der vorher die Fleischklößchen gegart wurden. Dabei rühre ich ständig, damit die Sauce später schön glatt ist. Wenn alles kocht und sämig ist, gebe ich die Paprikawürfel und die Fleischbällchen dazu und lasse alles etwa 10 Minuten fertig garen. Vor dem Servieren schmecke ich die Sauce noch mal mit Salz, Pfeffer und Zitronensaft ab.
5. In der Zwischenzeit koche ich die Makkaroni nach Packungsanweisung bissfest und serviere sie anschließend zusammen mit den Fleischbällchen und der Sauce.

Russisches Plov

(Ist eigentlich eine Paella, erfunden von den Russen)

Für 4 Portionen

- 400 g Schweinefilet
- 1 Zwiebel
- 2 Möhren
- 300 g Langkornreis
- 2 EL Butterschmalz
- 700 ml Gemüsebrühe
- 3 Knoblauchzehen
- 1 Lorbeerblatt
- 1 EL Paprikapulver edelsüß
- Salz
- Pfeffer

1. Zuerst schneide ich vom Schweinefilet alles ab, was da nicht hingehört (Sehnen, Knorpel etc.). Anschließend schneide ich das Fleisch in kleine Stücke. Dann schäle ich Zwiebel und Möhren und schneide beides in kleine Würfel. Den Reis schütte ich in ein Sieb und spüle ihn mit kaltem Wasser ab, bis das Wasser klar bleibt – und das war es auch schon mit den Vorbereitungen.
2. Jetzt erhitze ich das Butterschmalz in einem Bräter und brate das Fleisch darin etwa 5 Minuten an. Dann kommt das Gemüse hinzu und wird kurz mitgebraten. Danach schütte ich den Reis dazu, gieße die Gemüsebrühe hinein und drücke die Knoblauchzehen an, die ich dann ebenfalls, zusammen mit dem Lorbeerblatt, in den Bräter gebe. Jetzt kommt nur noch der Deckel drauf.
3. Wenn nach 15–20 Minuten die Flüssigkeit vom Reis aufgesogen und dieser gar ist, entferne ich die Knoblauchzehen und das Lorbeerblatt und würze alles mit Paprikapulver, Salz und Pfeffer.

Dieses One-Pot-Gericht ist in vielerlei Hinsicht ein echter Knaller: Man muss kaum etwas vorbereiten, fast nichts spülen, es ist wirklich preisgünstig und wenn man die Zutaten verdoppelt, kann man damit auch eine große Menge Menschen satt bekommen. Und das Beste: Es schmeckt wirklich jeder und jedem.

Schwalbennestchen mit Petersilienkartoffeln

Für 4 Portionen

Für die Schwalbennester:
- 4 Putenschnitzel
- 4 EL Senf
- 8 Scheiben Nussschinken
- 4 hart gekochte Eier
- 2 EL Butterschmalz
- Salz
- Pfeffer

Für die Petersilienkartoffeln:
- 900 g Kartoffeln
- Salz
- 1 EL Butter
- 1 EL frisch gehackte Petersilie

Für die Mehlschwitze:
- 2 EL Butter
- 2 EL Mehl
- 150 ml Weißwein
- 150 ml Hühnerbrühe
- Salz
- Pfeffer

Außerdem:
- Zahnstocher zum Fixieren

1. Zuerst heize ich den Ofen auf 160 °C Umluft vor. Dann müssen die Putenschnitzel auf einer Arbeitsfläche platt geklopft werden. Danach bestreiche ich sie mit Senf, verteile jeweils 2 Scheiben Nussschinken darauf, pelle die Eier und lege jeweils 1 Ei auf jede Fleischscheibe. Dann wickle ich alles ein und fixiere die Rouladen mit Zahnstochern.
2. Anschließend wasche und schäle ich die Kartoffeln und schneide sie je nach Größe etwas kleiner. Dann koche ich sie etwa 25 Minuten in ausreichend leicht gesalzenem Wasser gar.
3. In der Zwischenzeit brate ich im heißen Butterschmalz in einer ofenfesten Pfanne die Schwalbennester von allen Seiten in 10–15 Minuten goldbraun an, dabei würze ich sie mit Salz und Pfeffer. Anschließend kommen sie für etwa 10 Minuten in den Ofen.
4. Für die Sauce zerlasse ich erst einmal die Butter in einem Topf und streue dann das Mehl darüber. Ich verrühre alles gut mit einem Schneebesen und gieße dann nach und nach Weißwein und Brühe dazu. Dabei ist es wichtig, immer weiterzurühren, damit nichts ansetzt und die Sauce schön cremig wird. Zum Schluss schmecke ich sie mit Salz und Pfeffer ab.
5. So, ihr Lieben, das war es auch schon fast. Jetzt müssen nur noch die Kartoffeln abgegossen werden, dann kommen 1 guter EL Butter dazu und die Petersilie darüber. Und jetzt kann auch schon alles zusammen angerichtet werden. Lasst es euch schmecken!

Kasselerbraten mit Klößen und Rotkohl

Das Wichtigste bei diesem Rezept: Habt keine Angst davor. De
Kasselerbraten ist ja schon geräuchert, bei dem muss man eigentlic
kaum etwas tun. Und Klöße und Rotkohl kann man wunderba
vorbereiten (der Rotkohl schmeckt sogar fast noch besser, wenn e
schon am Tag davor gekocht wurde). Kurz vor dem Essen hat man dan
fast nichts mehr zu tun. Solltet ihr wenig Zeit haben, könnt ihr Klöß
und Rotkohl natürlich auch als Fertigprodukt kaufe

so geht's:

Für 4 Portionen

Für den Rotkohl:

- 1 kleiner Rotkohl
- 1 EL Salz
- 1 EL Zucker
- 1 Zwiebel
- 1 Apfel
- 2 EL Butterschmalz
- 300–400 ml Apfelsaft
- 1 Prise gemahlener Piment
- 2 Lorbeerblätter

Für den Kasselerbraten:

- 2 Zwiebeln
- 2 Möhren
- 800–1000 g geräucherter magerer Kasselerbraten

Für die Klöße:

- 1 kg mehligkochende Kartoffeln
- Salz
- 120 g Kartoffelstärke
- 1 EL Butter
- 1 Eigelb

Außerdem:

- Fett für die Auflaufform

1. Zuerst heize ich den Ofen auf 160 °C Umluft vor und fette eine Auflaufform.
2. Dann kümmere ich mich erst einmal um den Rotkohl: Ich entferne die äußeren Blätter, viertle ihn und schneide den Strunk heraus. Dann schneide ich den Kohl in feine Streifen und mische diese in einer Schüssel mit Salz und Zucker. Dabei knete ich alles kräftig mit den Händen (da der Kohl ziemlich abfärbt, kann man sich vorher Küchenhandschuhe anziehen). Der Kohl muss nun 30 Minuten ziehen. In dieser Zeit ist der Braten dran.
3. Dafür schäle ich die Zwiebeln und die Möhren. Die Zwiebeln schneide ich anschließend in Spalten, die Möhren in Scheiben. Beides gebe ich zusammen mit dem Kasselerbraten in die Auflaufform und schiebe alles für etwa 30 Minuten in den Ofen.
4. Während der Kohl zieht und der Braten gart, kommen die Kartoffeln an die Reihe. Nachdem ich diese gewaschen habe, koche ich sie in gesalzenem Wasser etwa 20 Minuten gar. Dann gieße ich sie ab, lasse sie kurz ausdampfen, pelle sie schließlich und stampfe sie in einer Schüssel. Anschließend gebe ich die Kartoffelstärke, die Butter und das Eigelb dazu und vermenge alles zu einem glatten Teig.
5. Wenn der Rotkohl lange genug gezogen hat, schäle ich die Zwiebel und den Apfel und schneide beides in Würfel. Anschließend erhitze ich das Butterschmalz, brate die Zwiebel darin an und gebe dann den

Rotkohl mit dem Apfel hinzu. Das alles wird etwa 5 weitere Minuten angebraten, bevor ich den Apfelsaft hinzugieße. Dann würze ich alles mit Piment, gebe die Lorbeerblätter dazu und lasse den Rotkohl anschließend bei geschlossenem Deckel etwa 40 Minuten garen. Ab und an rühre ich ein wenig um, damit nichts ansetzt.

6. Etwa 25 Minuten vor Garzeitende des Kasselers und des Rotkohls setze ich schon mal einen großen Topf mit Salzwasser auf. Dann forme ich aus dem Kartoffelteig nicht zu große Klöße und gare diese im siedenden Salzwasser. Als Faustregel gilt für mich: Wenn die Klöße an die Oberfläche steigen, lasse ich sie noch etwa 10 Minuten im heißen Wasser, dann sind sie perfekt.
7. Zum Schluss serviere ich alles zusammen und lasse es mir schmecken.

Mein Tipp:
Wenn ich Lust auf Sauce habe, dann brate ich das Kasseler erst mit dem Ofengemüse an und gieße dann ca. 400 ml Flüssigkeit mit in die Auflaufform (z. B. Wasser, Brühe, Weißwein oder Bier). Während das Fleisch gart, schöpfe ich immer mal wieder Flüssigkeit darüber. Kurz vor dem Servieren hole ich dann das Fleisch aus dem Sud, gieße diesen in einen Topf, lasse ihn etwas einkochen und binde ihn zum Schluss mit etwas angerührter Speisestärke oder etwas Sahne.

Gefüllter Hackbraten mit Speckbohnen

Für 4-6 Portionen

Für den Hackbraten:
- 6 Eier (Gr. M)
- 2 Möhren
- 1 kg Hackfleisch (halb Rind, halb Schwein)
- 3 EL Paniermehl
- 1 EL Salz
- 1 TL Pfeffer
- 1 TL Paprikapulver edelsüß
- 1 TL Thymian

Für die Bohnen:
- 600 g grüne Bohnen
- Salz
- 200 g Bacon
- 1 Zwiebel
- 1 EL Butterschmalz

1. Ich beginne damit, den Backofen auf 180 °C Umluft vorzuheizen und eine Kastenform (30 cm lang) mit Backpapier auszulegen. Dann koche ich 3 Eier in 10 Minuten hart und schrecke sie anschließend ab. Während die Eier abkühlen, putze und schäle ich die Möhren und schneide sie in sehr kleine Würfel. Anschließend pelle ich die Eier.
2. Ist alles vorbereitet, gebe ich Hack, die 3 rohen Eier, Möhren und Paniermehl in eine Schüssel und würze alles kräftig mit Salz, Pfeffer, Paprikapulver und Thymian. Anschließend verknete ich die Mischung gleichmäßig und gebe ungefähr die Hälfte der Masse in die Kastenform. Darauf gebe ich die hart gekochten Eier und bedecke sie mit der restlichen Hackmasse, sodass sie mittig eingebettet sind. Dann kommt mein Hackbraten für ungefähr 40 Minuten in den Ofen.
3. Jetzt kann ich mich um die Bohnen kümmern: Diese wasche und putze ich und koche sie in Salzwasser in etwa 7 Minuten bissfest. Dann gieße ich sie in ein Sieb ab und halte sie unter kaltes Wasser, damit sie ihre schöne Farbe behalten.
4. Sind die Bohnen abgetropft, bündle ich immer ein paar davon mit 1 Scheibe Bacon. Anschließend schäle und würfle ich die Zwiebel.
5. Kurz bevor der Hackbraten fertig ist, zerlasse ich das Butterschmalz in einer Pfanne und brate die Speckbohnen zusammen mit der Zwiebel darin etwa 10 Minuten von allen Seiten an, bis der Bacon eine schöne Farbe angenommen hat. Dann serviere ich den Hackbraten mit den Bohnen.

Wir alle lieben Gerichte aus dem Ofen – und so kenne ich auch niemanden, dem mein „Falscher Hase" (ein wirklich seltsamer Name für Hackbraten, findet ihr nicht?) nicht geschmeckt hat. Außerdem macht er ziemlich viel her, besonders durch die Eierfüllung und die Speckbohnen. Dabei ist er sehr schnell zubereitet und wirklich kinderleicht.

Klassische Rinderrouladen

Kommen Rouladen auf den Tisch, denken alle: „Oh mein Gott, wie aufwendig hat sie denn bitte gekocht?!" Dabei verhält es sich mit Rouladen genauso wie mit Gulasch: Sieht aufwendig aus, schmeckt aufwendig, ist aber nicht aufwendig. Meiner Meinung nach sollten wir also davon wegkommen, dass solche Gerichte nur was für Sonn- und Feiertage sind – sie schmecken auch zwischendurch wunderbar!

so geht's:

Für 6 Stück

Für die Rouladen:

- 6 Scheiben Rouladenfleisch (à 170–200 g)
- Salz
- Pfeffer
- 6 EL mittelscharfer Senf
- 18 Scheiben Bacon
- 6 Essiggurken
- 2 Schalotten

Für die Sauce:

- 2 Zwiebeln
- 4 Möhren
- 1 kleine Staude Stangensellerie (ca. 6 Stangen)
- 2 EL Tomatenmark
- 250 ml Rotwein
- 300 ml Gemüsebrühe
- 1 TL Zucker
- Salz

Außerdem:

- Zahnstocher oder Küchengarn zum Fixieren
- Öl oder Butterschmalz zum Anbraten

1. Zuerst lege ich die Rouladen auf meiner Arbeitsfläche aus und würze sie großzügig mit Salz und Pfeffer. Dann bestreiche ich sie mit je 1 EL Senf und belege sie mit je 3 Scheiben Bacon.
2. Als Nächstes viertle ich die Essiggurken längs, schäle die Schalotten und hacke sie. Beides verteile ich ebenfalls auf den Rouladen, dann rolle ich diese auf und fixiere sie mit Zahnstochern oder Küchengarn.
3. Für die Sauce schäle ich die Zwiebeln und die Möhren und schneide alles klein. Dann wasche ich den Sellerie und schneide die Stangen ebenfalls in kleine Stücke.
4. Jetzt erhitze ich Öl in meinem Bräter und brate die Rouladen rundum 10–15 Minuten kräftig an, bis sie schön gebräunt sind. Anschließend hole ich sie heraus und brate Zwiebeln, Möhren und Sellerie etwa 7 Minuten kräftig an.
5. Nun kommt das Tomatenmark dazu, das ich ebenfalls kurz anbrate, dann lösche ich alles mit Rotwein und Gemüsebrühe ab. Während ich die Mischung aufkoche, rühre ich den Zucker ein und gebe etwas Salz hinzu. Nachdem alles 10–15 Minuten offen geköchelt hat, gebe ich die Rouladen zurück in den Bräter, lege den Deckel auf und lasse sie bei kleiner Hitze 1,5–2 Stunden sanft garen.
6. Zum Servieren hole ich die Rouladen aus dem Sud, entferne die Zahnstocher oder das Küchengarn, passiere die Sauce und schmecke sie noch mal ab.

Meine Tipps:
Wenn ihr die Sauce sämiger mögt, könnt ihr auch einen Teil des Gemüses in der Sauce pürieren. Als Beilagen liebe ich dazu ganz klassisch Stampfkartoffeln und Rotkohl. Die Rezepte hierzu findet ihr auf den Seiten 64 und 114.

Crêpes Surprise

Für 4 Portionen

Für den Teig:
- 160 ml Milch
- 1 Ei (Gr. L)
- 80 g Mehl
- 1 Prise Salz

Zum Füllen:
- z. B. Bananenscheiben, Nuss-Nougat-Creme, Milchschokolade in dünnen Scheiben, Marmelade

Außerdem:
- Butter zum Backen
- Puderzucker oder Schokosauce zum Verzieren

1. Zuerst heize ich den Backofen auf 60 °C Umluft vor und stelle einen ofenfesten Teller hinein, damit ich die fertigen Crêpes warm halten kann.
2. Für den Teig verquirle ich zuerst Milch und Ei. Diese Mischung gieße ich langsam unter Rühren zum Mehl, bis ein recht flüssiger Teig entsteht. Zum Schluss rühre ich noch 1 Prise Salz hinein.
3. Pro Crêpe zerlasse ich 1 guten Stich Butter in einer Pfanne und backe dann nach und nach aus dem Teig möglichst dünne Crêpes aus.
4. Sobald ein Crêpe fertig ist, belege ich ihn mit meinen Lieblingszutaten, falte ihn zu einem Viertel und halte ihn im Ofen warm, bis alle Crêpes gebacken sind. Vor dem Servieren verziere ich die Crêpes noch mit Schokosauce oder Puderzucker.

Käsekuchen für Faulpelze

(Wer hat schon Bock auf den Rand und den Boden!?)

Für 6 Stück

- 125 g Butter
- 4 Eier (Gr. M)
- 200 g Zucker
- 2 Päckchen Vanillepuddingpulver
- 1 TL Backpulver
- 500 g Magerquark
- Kirschkompott oder/und frische Beeren zum Garnieren
- Puderzucker zum Bestreuen

1. Zuerst heize ich den Backofen auf 180 °C Ober- und Unterhitze vor und lege eine kleine Springform (20 cm Ø) mit Backpapier aus. In einem Topf erwärme ich die Butter. Sobald sie flüssig ist, nehme ich sie vom Herd und lasse sie abkühlen, bis sie nur noch lauwarm ist.
2. Inzwischen gebe ich Eier und Zucker in eine Rührschüssel und verquirle sie mit den Rührstäben des Handrührgeräts schön schaumig – am besten so lange, bis sich die Zuckerkristalle aufgelöst haben. Dann gebe ich das Puddingpulver und das Backpulver darüber, den Magerquark dazu und verquirle alles miteinander.
3. Zum Schluss gieße ich unter Rühren die flüssige Butter hinein und verteile den Teig anschließend in der Springform. Jetzt kommt alles für etwa 40 Minuten in den Ofen, danach hole ich die Form heraus und lasse den Kuchen rund 30 Minuten ruhen, bevor ich ihn aus der Form löse.
4. Zum Servieren dekoriere ich den abgekühlten Käsekuchen mit Kirschkompott, frischen Beeren und was mir gerade so gefällt. Zum Schluss streue ich noch etwas Puderzucker darüber.

Sind wir mal ehrlich: Beim Käsekuchen will eh niemand den Rand essen oder den Boden. Alle sind scharf auf die Füllung. Und somit schlägt mein Käsekuchen für Faulpelze gleich zwei Fliegen mit einer Klappe: Erstens ist er wirklich kinderleicht zu backen, denn er hat weder Boden noch Rand, und zweitens schmeckt er super – denn wir wollen ja nur die Füllung. Und die gibt's en masse.

Die „Froindinnen“ kommen

Ich finde es ja ein bisschen schade, dass in unserer Zeit das Selberkochen ein wenig verloren gegangen ist. Essen gehen: ja. Essen kochen: eher nicht. Ich kann das gar nicht verstehen und genieße in meinem Freundeskreis das schöne Kompliment, die Köchin sein zu dürfen, wenn ein privater gemeinsamer Abend geplant wird.

Für mich ist ein Essen mit Freundinnen etwas ganz Besonderes. Essen bedeutet Community, und es gibt kaum etwas Schöneres, als mit meinen Mädels zusammenzusitzen, über Gott, die Welt und Männer zu tratschen und dabei etwas Leckeres zu schnabulieren. Das ist einfach eine ganz feine Sache.

Natürlich genieße ich es auch, wenn ich mal mit Freunden auswärts essen gehe. Fragt mich dann eine Freundin im Restaurant beim Blick auf die Speisekarte: „Sollen wir uns was teilen?", schau ich sie nur ungläubig an und antworte: „Ja, wenn du magst, gerne den Weltfrieden, aber kein Gericht hier im Lokal."

Kürbis-Gurken-Suppe

Für 4 Portionen

- 1 Butternusskürbis (ca. 1,2 kg)
- 1 Zwiebel
- 1 Knoblauchzehe
- 2 EL Butterschmalz
- 1 EL Tomatenmark
- ca. 700 ml Gemüsebrühe
- 100 ml Sahne
- Salz
- Pfeffer
- 50 g Kürbiskerne
- 1/2 Salatgurke
- Crème fraîche zum Servieren

1. Zuerst heize ich den Ofen auf 180 °C Umluft vor. Dann wasche ich den Kürbis und backe ihn als Ganzes im Ofen etwa 30 Minuten vor. Währenddessen schäle und hacke ich schon mal Zwiebel und Knoblauch.
2. Nach Ende der Backzeit hole ich den Kürbis heraus, lasse ihn kurz abkühlen und halbiere ihn dann. Anschließend entferne ich Kerne und Fäden sowie die Schale und schneide das Fruchtfleisch in Stücke.
3. Jetzt erhitze ich das Butterschmalz in einem großen Topf und brate darin unter Rühren die Zwiebel etwa 2 Minuten an. Dann gebe ich die Kürbisstücke, den Knoblauch und das Tomatenmark dazu und schwitze alles bei mittlerer Hitze etwa 5 Minuten unter Rühren an.
4. Anschließend gieße ich 500 ml von der Brühe hinein und koche alles mit geschlossenem Deckel etwa 20 Minuten, bis der Kürbis weich ist. Dann ziehe ich den Topf vom Herd, gieße die Sahne dazu und püriere alles mit dem Stabmixer. Wenn mir die Suppe zu dick ist, gieße ich noch etwas mehr Gemüsebrühe hinein. Zum Schluss koche ich alles nochmals auf und schmecke die Suppe mit Salz und Pfeffer ab.
5. Zum Servieren röste ich die Kürbiskerne in einer Pfanne goldbraun. Dann schäle und reibe ich die Salatgurke. Ich verteile die Suppe auf Teller, gebe jeweils etwas Gurke darauf, bestreue alles mit Kürbiskernen und reiche dazu etwas Crème fraîche. Als Beilage gibt es meistens Baguette – für mich ist das ein perfektes Herbst- und Winteressen.

Mein Tipp:
Die Suppe kann auch ganz toll variiert werden. Mit einem Garnelenspieß wird sie richtig edel, schön deftig schmeckt sie mit gebratenen Speckwürfeln (die schmecken ja sowieso zu fast allem). Und statt der Kürbiskerne röste ich auch gerne Cashewkerne oder gehackte Walnüsse.

Hausmännischer Nudelsalat

(Damit kannst du immer noch auf jeder Party angeben)

Für 4–6 Portionen

- 500 g Pasta (z. B. Fusilli, Gemelli oder Casarecce)
- Salz
- 280 g Mais aus der Dose (abgetropft gewogen)
- 250 g Fleischwurst (ca. 1/2 Ring)
- 4 hart gekochte Eier (Gr. M)
- 7–10 Essiggurken
- 250 g Mayonnaise
- 4 EL Gurkenwasser
- 1 EL gekörnte Gemüsebrühe
- 1 EL Senf
- Salz
- Pfeffer
- 1 hart gekochtes Ei in Scheiben zum Garnieren

1. Zuerst koche ich meine Lieblingspasta für Nudelsalat nach Packungsanweisung in Salzwasser bissfest.
2. Während die Nudeln abtropfen und abkühlen, schütte ich den Mais in ein zweites Sieb und lasse ihn ebenfalls abtropfen.
3. Jetzt pelle ich die Fleischwurst und die Eier und schneide beides, ebenso wie die Essiggurken, in kleine Würfel. Dann werfe ich alles in eine Salatschüssel und gebe auch den Mais dazu.
4. Anschließend verrühre ich in einer kleinen Schüssel die Mayonnaise mit Gurkenwasser, gekörnter Brühe, Senf, etwas Salz und Pfeffer. Dann gebe ich die abgekühlten Nudeln zusammen mit dem Dressing in die Salatschüssel und vermische alles vorsichtig.
5. Dem Salat tut es ganz gut, wenn er anschließend mindestens 1 Stunde im Kühlschrank ziehen kann. Vor dem Servieren schmecke ich ihn noch mal ab und garniere ihn mit Eierscheiben.

Diesen Salat sollte jede und jeder aus dem Ärmel schütteln können. Warum? Er ist einfach ideal für Partys oder wenn Besuch kommt, aber auch für sich selbst. Dann habt ihr 2–3 Tage was davon – macht euch Frikadellen dazu oder Bockwürstchen und schon habt ihr ein leckeres Essen. Auch ohne Fleischwurst, also in der vegetarischen Variante, schmeckt der Nudelsalat einfach super.

Vietnamesische Summerrolls mit Erdnuss-Dip

(= Keine Lust aufs Kochen, aber die Gäste sollen satt werden)

Für ca. 12 Stück

- 1 Paprikaschote
- 1 Möhre
- 1 Pak Choi (alternativ China-kohl)
- 1 Zucchini
- 225 g gegartes Hähnchenfleisch
- 225 g gegarte Garnelen
- ca. 12 Blätter Reispapier
- Sesamsamen zum Bestreuen
- Erdnuss-Dip (siehe S. 21)

1. Zuerst putze, wasche und, wenn nötig, schäle ich das Gemüse. Dann schneide ich alles in feine Streifen. Den Pak Choi verwende ich nur roh, wenn die Blätter schön zart sind. Festere Exemplare werfe ich kurz in kochendes Salzwasser und gieße sie nach 2 Minuten Kochzeit wieder ab. Das Hähnchenfleisch zerteile ich in kleine Stücke, die Garnelen lasse ich so, wie sie sind.
2. Anschließend ziehe ich die Reispapierblätter einzeln durch warmes Wasser, bis sie weich und biegsam sind. Sie dürfen aber nicht zu lange im Wasser bleiben, sonst werden sie klebrig. Dann belege ich die Reispapierblätter mit den vorbereiteten Zutaten und wickle sie zu Rollen.
3. Kurz vor dem Servieren bereite ich den Erdnuss-Dip (siehe S. 21) zu.
4. Zum Schluss gebe ich die Summerrolls auf einen Teller, bestreue sie mit etwas Sesam und reiche dazu den Erdnuss-Dip.

Mein Tipp:
Beim Belegen der Summerrolls könnt ihr experimentieren: So passen z. B. auch in Streifen geschnittene Frühlingszwiebeln, Avocadostücke oder auch Mangoscheiben.

Außer einkaufen und schnippeln müsst ihr bei diesem Gesellschaftsessen nichts vorbereiten. Wie bei Raclette oder Fondue sitzt man einfach entspannt gemeinsam am Tisch, hat jede Menge Zeit zu quatschen und wickelt sich nach Lust und Laune seine Rollen. Ich liebe diese Rollen wirklich sehr – sie sind super einfach in der Herstellung, je nach Füllung auch vegan oder kalorienarm und insofern auch für die Mädels geeignet, die auf Diät sind oder sich anderweitig speziell ernähren.

Herzhaft gefüllte Pfannkuchen mit Sauce hollandaise

(Kannst du mit allem füllen, was aufgebraucht werden muss)

Für 4 Stück

Für die Pfannkuchen:
- 200 g Mehl
- 1 Prise Backpulver
- 2 Eier (Gr. M)
- 300 ml Milch
- Salz
- Pfeffer
- gemahlene Muskatnuss

Für die Füllung:
- 1 kleine Zwiebel
- 1 Knoblauchzehe
- 3 Champignons
- 1 Kartoffel
- 2 Möhren
- 1 Paprikaschote
- Salz
- Pfeffer

Außerdem:
- Öl zum Braten und für die Form
- 1 Tomate in Scheiben
- 200 ml Sauce hollandaise (siehe S. 20)

1. Zuerst verrühre ich alle Zutaten für die Pfannkuchen zu einem recht flüssigen Teig. Den decke ich ab und bereite dann erst einmal die Gemüsefüllung zu.
2. Dafür schäle und hacke ich Zwiebel und Knoblauch. Die Champignons reibe ich mit Küchenpapier ab und schneide sie in Stücke, die Kartoffel und die Möhren werden geschält und in kleine Würfel geschnitten. Die Paprika halbiere, putze und wasche ich, dann schneide ich sie in kleine Streifen. Ist das alles erledigt, brate ich in einer Pfanne das gesamte Gemüse kräftig gar – dabei gebe ich die Kartoffel- und Möhrenwürfel zuerst in die Pfanne, da diese am längsten brauchen – und würze alles mit Salz und Pfeffer.
3. Bevor ich die Pfannkuchen backe, heize ich den Backofen auf 180 °C Umluft vor und fette eine Auflaufform ein. Dann zerlasse ich in einer Pfanne etwas Öl und backe aus dem Teig nach und nach dünne Pfannkuchen von beiden Seiten goldgelb.
4. Zum Schluss befülle ich die Pfannkuchen mit der Gemüsemischung, rolle sie ein und lege sie in die Auflaufform. Jetzt kommen noch Tomatenscheiben darauf und die Sauce hollandaise, danach überbacke ich alles etwa 10 Minuten.

Mein Tipp:
Ihr könnt beim Gemüse je nach Saison variieren: Im Frühling könnt ihr Spargel hineingeben, im Sommer Auberginen und Zucchini.

Gefüllte Paprikaschoten

(Immer, wenn Besuch kommt – mein Signature-Gericht)

Für 4-6 Portionen

Für die Paprikaschoten:

- 100 g Langkornreis
- Salz
- 5-6 bunte Paprikaschoten
- 1 Möhre
- 1 Tomate
- 800 g Hackfleisch (halb Rind, halb Schwein)
- 2 EL Paniermehl
- 2 Eier (Gr. M)
- Pfeffer
- 1/2 EL getrockneter Oregano
- Fett für die Form

Für die Sauce:

- 1 Zwiebel
- 1 Knoblauchzehe
- 1 EL Olivenöl
- 450 ml passierte Tomaten
- 425 g gehackte Tomaten aus der Dose
- 1 TL Zucker
- 1 TL getrockneter Thymian
- 1/2 TL Paprikapulver edelsüß
- 100 ml Sahne

1. Zuerst heize ich den Ofen auf 180 °C Ober- und Unterhitze vor und fette eine Auflaufform ein. Dann spüle ich den Reis in einem Sieb ab, bis das Wasser klar bleibt, und koche ihn dann nach Packungsanweisung in leicht gesalzenem Wasser bissfest.
2. In der Zwischenzeit schneide ich von den Paprikaschoten oben jeweils den Deckel ab, hole Kerne und Trennhäutchen aus dem Inneren und wasche die Schoten außen und innen mit kaltem Wasser. Dann lasse ich sie kurz kopfüber abtropfen.
3. Die Möhre putze und schäle ich, anschließend schneide ich sie in kleine Würfel. Die Tomate wasche ich, entferne den Stielansatz und schneide sie ebenfalls in kleine Würfel.
4. Ist der Reis gar, gieße ich ihn in ein Sieb ab, lasse ihn kurz abkühlen und mische ihn in einer Schüssel mit Möhre, Tomate, Hackfleisch, Paniermehl, Eiern, Salz, Pfeffer und Oregano. Diese Masse verteile ich dann auf die Paprikaschoten.
5. Für die Tomatensauce schäle und hacke ich Zwiebel und Knoblauch. Dann brate ich beides in einem Topf im heißen Olivenöl an und gebe alle weiteren Saucenzutaten hinzu. Wenn alles einmal aufgekocht ist, gieße ich die Sauce in die Auflaufform. Da hinein setze ich dann auch die Paprikaschoten und schiebe alles zusammen für etwa 40 Minuten in den Ofen.

Gefüllte Paprikaschoten kann ich wirklich als mein Signature Food bezeichnen. Ich koche es immer, wenn mehrere Gäste zu Besuch kommen und mir nicht direkt einfällt, was ich kochen soll.

Pasta al forno

(Wenn du die Mädels günstig satt bekommen möchtest)

Für 4 Portionen

- 500 g Hörnchennudeln
- Salz
- 3 Eier (Gr. M)
- 1 Zwiebel
- 1 Knoblauchzehe
- 3 Stängel Petersilie
- 2 Zweige Thymian
- 4 Scheiben Kochschinken
- 400 g Hackfleisch (vom Rind)
- 2 EL Butterschmalz
- 2 EL Tomatenmark
- Pfeffer
- 1 TL Paprikapulver edelsüß
- 450 ml passierte Tomaten
- 425 g gehackte Tomaten aus der Dose
- je 70 g geriebener Gouda, Mozzarella und Parmesan
- 150 g TK-Erbsen
- Olivenöl für die Form

1. Zuerst heize ich den Backofen auf 180 °C Umluft vor und fette eine Auflaufform mit Olivenöl ein. Anschließend koche ich die Hörnchennudeln in leicht gesalzenem Wasser nach Packungsanweisung bissfest und gieße sie anschließend ab. Parallel dazu koche ich auch die Eier in etwa 10 Minuten hart und schrecke sie danach ab.
2. Während alles kocht, schäle und hacke ich Zwiebel und Knoblauch. Dann wasche ich die Kräuter, schüttle sie trocken und hacke die Blättchen. Den Schinken zupfe ich in kleinere Stücke.
3. Nun brate ich das Hackfleisch im heißen Butterschmalz etwa 5 Minuten kräftig an, bis es krümelig ist. Dann gebe ich das Tomatenmark hinzu und brate es etwa 2 Minuten mit.
4. Anschließend schaufle ich in der Mitte der Pfanne etwas Platz frei, brate dort noch etwa 2 Minuten die Zwiebel an und kurz auch den Knoblauch. Dann würze ich alles mit Salz, Pfeffer, Kräutern und Paprikapulver und gebe sowohl die passierten als auch die gehackten Tomaten hinzu. Ich lasse die Mischung einmal aufkochen und mache mich dann ans Schichten.
5. Erst kommt eine dünne Schicht Hackfleischsauce in die Form, dann Nudeln, etwas Käse, ein paar Erbsen und etwas Schinken. Vom Käse behalte ich dabei etwas zurück, das ich zum Schluss aufstreue. Ich pelle die Eier, schneide sie in Scheiben und verteile sie auf dem Auflauf. Dann streue ich den restlichen Käse darüber und schiebe alles für etwa 20 Minuten in den Ofen, bis der Käse geschmolzen und goldbraun ist.

Dieser Auflauf ist preiswert, lecker und schmeckt wie beim Italiener um die Ecke. Außerdem könnt ihr die Zutatenmengen locker verdoppeln oder verdreifachen, die Hörnchen in einer riesigen Auflaufform zubereiten und so eine ganze Menge Leute satt bekommen. Wenn ihr Pasta liebt, dann liebt ihr auch dieses Gericht.

Hähnchenschenkel mit Ofenkartoffeln

Für 4 Portionen

- 4 Hähnchenschenkel
- 2 TL Salz
- 2 TL Pfeffer
- 2 TL Paprikapulver edelsüß
- 1 TL Honig
- 3 EL Olivenöl
- 800 g Kartoffeln
- 2 Zweige Rosmarin
- Salz
- Pfeffer
- Olivenöl für die Form

1. Zuerst heize ich den Backofen auf 180 °C Umluft vor und fette eine große Auflaufform mit etwas Olivenöl ein.
2. Dann wasche ich die Hähnchenschenkel, tupfe sie trocken und mische sie in einer Schüssel mit Salz, Pfeffer, Paprikapulver, Honig und 2 EL Olivenöl. Anschließend verteile ich sie in der Auflaufform.
3. Die Kartoffeln wasche und schäle ich, dann schneide ich sie in Spalten. Den Rosmarin wasche ich ebenfalls und hacke die Nadeln von einem Zweig. Die gehackten Nadeln mische ich mit den Kartoffeln, gebe etwas Salz und Pfeffer dazu sowie das restliche Olivenöl. Dann verteile ich die Kartoffeln neben den Hähnchenschenkeln und schiebe alles für etwa 40 Minuten in den Ofen. Falls sie dabei etwas zu dunkel werden sollten, lege ich einfach lose ein Stück Alufolie darüber.
4. Zum Servieren dekoriere ich alles mit einem klein gezupften Zweig Rosmarin, weil das einfach so toll duftet.

Kartoffelgratin mit Cordon bleu

(Für die wirklich tollen Freundinnen)

Dieses Rezept gehört tatsächlich zu den minimal aufwendigeren Rezepten in diesem Kochbuch. Aber der Aufwand lohnt sich: Es ist ein richtiges Schlemmeressen, und ihr kocht euch damit immer in die Herzen der Menschen. Und wenn ihr das Gericht einmal gemacht habt, werdet ihr auch feststellen, dass es total einfach in der Umsetzung ist. Gut vorbereiten lässt es sich auch, sodass ihr am Ende alles nur in den Ofen schieben bzw. in die Pfanne werfen müsst.

so geht's:

Für 3 Portionen

Für das Kartoffelgratin:
- 800 g festkochende Kartoffeln
- 70 g Speckwürfel
- 200 ml Sahne
- 100 ml Milch
- 1 Ei (Gr. M)
- Salz
- Pfeffer
- gemahlene Muskatnuss
- 100 g geriebener Käse (z. B. Mozzarella, Gouda oder Greyerzer)

Für das Cordon bleu:
- 3 Putenschnitzel
- Salz
- Pfeffer
- 3 Scheiben Käse (z. B. Gouda, Raclettekäse oder Cheddar)
- 3 Scheiben Kochschinken
- 100 g Mehl
- 3 Eier (Gr. M)
- 70 g Tortilla-Chips
- 100 g Paniermehl

Außerdem:
- Butter für die Form
- Zahnstocher zum Feststecken
- Rapsöl zum Braten

1. Zuerst heize ich den Backofen auf 180 °C Umluft vor und fette eine Auflaufform (ca. 20 × 20 cm) mit Butter ein.
2. Dann wasche und schäle ich die Kartoffeln und schneide sie anschließend in dünne Scheiben. Wenn dir das zu mühsam ist, kannst du sie auch auf der Küchenreibe reiben.
3. Den Speck brate ich in einer Pfanne ohne weitere Zugabe von Fett rundherum braun an. Und dann geht es auch schon ans Schichten: Einfach die Kartoffeln Schicht für Schicht einfüllen und die Speckwürfel dazwischen verteilen.
4. Für den Guss verquirle ich Sahne, Milch und Ei und würze alles mit Salz, Pfeffer und Muskat. Diese Mischung gieße ich dann über die Kartoffeln, streue den Käse darüber und schiebe alles für etwa 45 Minuten in den Ofen. Wenn die Oberfläche zu dunkel werden sollte, lege ich einfach lose ein Stück Alufolie darüber.
5. Für die Cordons bleus klopfe ich die Schnitzel von beiden Seiten platt und würze sie mit Salz und Pfeffer. Dann lege ich je 1 Scheibe Käse und Schinken darauf, klappe die Schnitzel zu und verschließe sie mit Zahnstochern.
6. Für die Panade gebe ich das Mehl in einen tiefen Teller, die Eier verquirle ich mit etwas Salz und Pfeffer in einem zweiten Teller und in einen dritten Teller gebe ich die zerbröselten Tortilla-Chips und mische sie mit dem Paniermehl.
7. Wenn das Gratin fertig ist, schalte ich den Ofen aus und paniere meine Cordons bleus erst in Mehl, dann in Ei und dann in der Bröselmischung. Anschließend backe ich sie in ausreichend heißem Rapsöl goldbraun aus.

Spanakopita – Blätterteigkuchen

(Ein Stückchen Griechenland gehört in jede Küche!)

Für 4–6 Portionen

- 500 g TK-Blattspinat
- 500 g Feta
- 8 Eier (Gr. M)
- 500 g Butter
- 450 g gebrauchsfertiger Filoteig

1. Den Spinat gebe ich in ein Sieb und lasse ihn auftauen und gleichzeitig abtropfen. Dann heize ich den Ofen auf 180 °C Umluft vor.
2. Den aufgetauten Spinat drücke ich noch etwas aus, gebe ihn in eine Schüssel und krümele den Feta dazu. Die Eier schlage ich in einer zweiten Schüssel auf, verquirle sie und rühre sie dann unter die Spinat-Feta-Mischung.
3. Die Butter schneide ich in Würfel und lasse sie in einem Topf schmelzen, aber nicht bräunen.
4. Nun streiche ich eine Auflaufform (ca. 30 × 40 cm) mit etwas Butter aus und lege eine Lage Filoteig hinein. Teig, der übersteht, lasse ich dabei aus der Form hängen. Dann bestreiche ich den Filoteig mit Butter und schichte eine Lage Spinat-Feta-Mischung ein. Diesen Vorgang wiederhole ich so oft, bis alle Zutaten aufgebraucht sind. Die oberste Schicht sollte aus Filoteig bestehen. Aus den überhängenden Teigblättern forme ich einen Rand und beträufle alles mit der restlichen Butter.
5. Anschließend schiebe ich meine Spanakopita für 20–30 Minuten in den Ofen, bis der Teig schön gebräunt ist.

Mein Tipp:
Ihr könnt auch Blätterteig statt Filoteig verwenden. Dann braucht ihr nur die Hälfte der Butter zum Bepinseln und Beträufeln.

Spanakopita ist ein griechischer Klassiker, für den es wahrscheinlich in jeder Familie eine eigene Version gibt. Meine Oma hat die Pastete immer auf diese Weise hier zubereitet. Es erinnert mich an meine Kindheit und ist für mich ein echtes Herzensgericht. Der Blätterteigkuchen schmeckt sowohl warm als auch kalt lecker und in Vierecke geschnitten macht er sich super als Fingerfood oder auf einem Partybüfett.

Gefüllte Croissants

Für 4 Portionen

- 1 runder Blätterteig aus dem Kühlregal (30 cm Ø)
- 2 EL Nuss-Nougat-Creme
- 4 Marshmallows
- 2 EL Butter

1. Zuerst heize ich den Backofen auf 180 °C Umluft vor und belege ein Backblech mit Backpapier. Anschließend lege ich den Blätterteig auf eine Arbeitsfläche und viertle ihn.
2. Auf die so entstandenen Dreiecke gebe ich jeweils auf das dicke Ende 1/2 EL Nuss-Nougat-Creme (aber nicht ganz bis zum Rand) und 1 Marshmallow. Dann rolle ich jedes Dreieck zur dünnen Spitze hin auf.
3. Die Hörnchen lege ich nun auf das Backblech und biege sie in die typische Croissant-Form. Die Butter zerlasse ich und träufle sie auf meine Croissants. Diese kommen jetzt für 20–25 Minuten in den Ofen, bis sie goldbraun sind. Eine süße Sünde für jedes Leckermäulchen!

Mit diesem Frühstücksklassiker kann der Tag nur gut beginnen – und am allerbesten schmecken die Croissants, wenn sie frisch aus dem Ofen kommen, noch schön warm sind und die Schokolade darin geschmolzen ist. Am besten funktioniert das Rezept übrigens mit sehr dünnem Blätterteig. Es gibt ja mittlerweile Fertig-Blätterteig, der speziell für Croissants gemacht ist – probiert es mal damit aus. Beim Füllen ist man natürlich frei und kann alles einrollen, worauf man Lust hat.

Waffelkuchen mit roter Grütze – Der Bachelor

(Wenn du den Angeber spielen willst)

Für 4 Portionen

Für den Waffelteig:
- 200 g zimmerwarme Butter
- 80 g Zucker
- 1 Päckchen Vanillezucker
- 1 Prise Salz
- 4 Eier (Gr. M)
- 350 g Mehl
- 2 TL Backpulver
- 280 ml Milch

Für die Creme:
- 1 kg Rote Grütze (Fertigprodukt)
- 1 kg Magerquark

Außerdem:
- Butter zum Fetten des Waffeleisens
- Himbeeren und Pralinen zum Garnieren

1. Zuerst verquirle ich Butter, Zucker, Vanillezucker und Salz in einer Rührschüssel schön schaumig. Dann quirle ich erst ein Ei dazu und, wenn es sich gut mit der Butter verbunden hat, das zweite Ei. So fahre ich fort, bis alle Eier in den Teig gearbeitet sind.
2. Nun siebe ich Mehl und Backpulver darüber, gieße die Milch dazu und verrühre alles zu einem zähflüssigen und glatten Teig, den ich dann erst einmal 20 Minuten ruhen lasse.
3. Nach Ablauf der Ruhezeit heize ich das Waffeleisen vor, bepinsle es mit Butter und backe nacheinander dicke, saftige, knusprige und goldgelbe Waffeln – das dauert auf meinem Eisen pro Waffel etwa 4 Minuten.
4. Während die Waffeln abkühlen, stelle ich etwas von der Roten Grütze für die spätere Dekoration beiseite, den Rest verrühre ich mit dem Quark.
5. Zum Fertigstellen lege ich auf einer Platte eine Schicht Waffeln aus. Darauf gebe ich etwa 1/5 der Creme. So schichte ich weiter, bis ich 4 Waffelschichten habe. Ganz oben verteile ich die restliche Creme und dekoriere mit der beiseitegestellten Roten Grütze, frischen Himbeeren und Pralinen.

Ich verwende gerne gekaufte belgische Waffeln, wenn es mal schnell gehen muss. Diesen Waffelkuchen kenne ich bestimmt schon seit 10 Jahren. Und ich gebe zu: Er ist eine echte Mogelpackung. Man muss kaum einen Handschlag dafür tun (besonders, wenn man die Waffeln kauft), aber wenn man ihn am Ende mit den Früchten, Pralinen und der roten Grütze schön anrichtet und dekoriert, ist der Kuchen DER Eyecatcher auf jedem Partybüfett oder Mädelsabend! Ich bereite ihn gerne einen Tag vorher zu, damit sich die Waffeln richtig schön vollsaugen können.

Griechischer Eiskaffee

(Ist gar nicht so griechisch – wähle ein Land deiner Wahl!)

Für 1 Portion (ca. 250 ml)

- 1–2 TL löslicher Kaffee
- 70 ml Wasser
- 130 ml Milch (alternativ Hafermilch)
- Eiswürfel nach Belieben
- 1 Kugel Vanilleeis
- 2 EL geschlagene Sahne
- 1 EL Karamellsirup

1. Zuerst verrühre ich den löslichen Kaffee mit etwas Wasser in einem Glas, bis er sich aufgelöst hat. Dann gieße ich kalte Milch darauf. An richtig heißen Tagen gebe ich dann noch ein paar Eiswürfel hinzu.
2. Zum Fertigstellen kommt in jedes Glas noch 1 Kugel Vanilleeis, etwas Schlagsahne und Karamellsirup zum Süßen und Verzieren.

Im Original ist griechischer Eiskaffee, auch Frappé genannt, eigentlich nur kalter Kaffee, entweder mit Milch und Zucker oder ohne. Aber ich habe ihn auf meine Art etwas aufgepimpt, und deswegen ist es eben „mein" griechischer Eiskaffee – und meine Mädels lieben ihn, vor allem an heißen Tagen!

Register

Über die Autorin

Die Autorin, Köchin und Genießerin Nicolette Fountaris wurde am 23. Januar 1988 in Bonn geboren. Sie wuchs im Süden Kölns auf, bis sie im Sommer 2011 die Domstadt verließ, um an Rhein und Mosel, in Koblenz, einen neuen Abschnitt ihres Lebens zu beginnen.

Im Alter von 19 Jahren entdeckte Nicolette, dass der Genuss von allerhand Leckereien immer voraussetzt, dass vorher ein Talent am Herd tätig war. Ihre Liebe und Leidenschaft zum Essen, die ganz klar auch mit ihren griechisch-deutschen Wurzeln zusammenhängt, sorgte dafür, dass sich Nicolette immer wieder dazu inspirieren ließ, sich in der Küche neu zu probieren und kreativ zu werden.

„Kochen ist meine Therapie, meine Meditation. Das war es schon immer!"

Die entspannten Stunden in der Küche halfen ihr immer durch schwierige Zeiten ihres Lebens, und Kochen entpuppte sich als eine ihrer größten Leidenschaften und wurde zu ihrem liebsten Hobby.

Die sozialen Medien sind fester Bestandteil im Leben der 32-Jährigen. Bekannt wurde Nicolette durch ihren Instagram-Account, dessen Follower-Zahl auf mittlerweile über 200.000 Menschen angewachsen ist. Ihre drei Comedy-Touren waren alle binnen weniger Minuten restlos ausverkauft und Nicolettes extravagante Erscheinung führte innerhalb von 3 Jahren zu einer eigenen Marke: **MADEMOISELLE NICOLETTE.**

Nicolette Fountaris arbeitet als Dozentin, Coach, Ratgeberin, Comedian und Entertainerin. Mit „Simple & Sexy" erfüllt sie sich einen Lebenstraum. Geschrieben, gekocht, verkostet und entwickelt – irgendwo im Nirgendwo, in einer kleinen modernen Küche, nahe dem Westerwald, entstand dieses Buch und soll Freude in jede Küche bringen.

„Ich bin zwar eine außergewöhnliche Erscheinung, aber beim Kochen bleibe ich basic, wie meine Persönlichkeit!"

Ich
liebe
dich,
also
koche
ich!

Impressum

Sexy & Simple
Gute Hausmannskost, so einfach wie noch nie

3. Auflage

Weyerstraße 88-90
50676 Köln

Texte: Nicolette Fountaris
Foodstyling: Ronja Pfuhl
Satz, Layout & Design: Sue Hiepler - www.fromsue.com
Projektleitung: Sarah Völker
Redaktion: Eva Neisser
Lektorat: Julia Voigtländer

Bildnachweis: © Bobby Mercer: Cover, Cover-Rückseite, S. 16, S. 22-52, S. 56-90, S. 94-126, S. 130-154, S. 157; © Edi Libedinsky/Shutterstock.com: S. 154 (Handyfoto); © Laura Moneke: S. 158; © privat: S. 8-15

Gesamtherstellung: Community Editions GmbH
www.community-editions.de

978-3-96096-134-5
Printed in Poland

Abkürzungen:
EL = Esslöffel
TL = Teelöffel
g = Gramm
kg = Kilogramm
ml = Milliliter
l = Liter

GENDER DISCLAIMER:
Ausschließlich zur einfacheren Lesbarkeit wurde in diesem Buch auf geschlechtsneutrale Schreibweisen verzichtet. Unter den Formulierungen ist eine Ansprache aller Geschlechtsidentitäten/Gender zu verstehen.

MIX
Papier aus verantwortungsvollen Quellen
FSC www.fsc.org
FSC® C106632